MISIONES RECÍPROCAS

MISIONES A CORTO PLAZO QUE SIRVEN A TODOS

Por DJ Schuetze y Phil Steiner

P & D Publishing
San Diego California

P&D Publishing

San Diego, CA

www.PandDpublishing.com

Diseño del libro ©2017BookDesignTemplates.com

Misiones Recíprocas / DJ Schuetze y Phil Steiner. —1st ed.

Traducido por Heri y Maggie Ayala

ISBN 978-0-578-47808-1

* Definición de recíproco en la contraportada -
http://www.gingersoftware.com/content/grammar-
rules/reciprocal-pronouns/

Contents

"Sin relaciones genuinas con los pobres, les robamos su dignidad y se convierten en meros proyectos.
Y Dios no tenía la intención de que nadie se convirtiera en nuestros proyectos."-

—Eugene Cho

Nuestra historia

L as misiones a corto plazo, cuando están sanas, pueden cambiar la vida de todos los involucrados. Cuando se hace mal, mucho daño puede ocurrir; o al menos, los esfuerzos pueden ser una pérdida de tiempo y recursos. ¿Cómo podemos remediar esto?

Muchos libros han tratado de explicar las misiones a corto plazo y, lamentablemente, han hecho que las personas dejen de participar en estos viajes que cambian vidas. Pero no queremos que las personas abandonen las misiones a corto plazo. Hay algo que Dios hace en los corazones y las vidas de su pueblo cuando salen de su zona de confort, viajan a un lugar nuevo y pasan tiempo observando y participando en el ministerio en culturas diferentes a las suyas.

Al igual que cualquier ministerio efectivo, en las misiones, las relaciones son la clave. Las relaciones sanas y recíprocas son fundamentales para el éxito de los viajes misioneros a corto plazo. Sin ellos seguiremos haciendo daño y seremos ineficaces. El libro que usted está leyendo es una guía para ayudarle a navegar las misiones a corto plazo de una manera que honra a todos: los equipos que van, los ministerios que hospedan y las comunidades locales.

Notará que este libro tiene un flujo un poco diferente al de la mayoría. Uno de nosotros trabajará a través de una sección desde nuestra perspectiva: un tema en nuestra área particular de experiencia; luego el otro intervendrá brevemente, compartiendo su punto de vista del tema. DJ escribe desde la perspectiva del anfitrión de la misión; él ha recibido y hospedado grupos por más de 25 años. Phil escribe desde la perspectiva del facilitador de viajes a corto plazo, llevando 20 años de

De construir asociaciones solidas en el ministerio. Sabemos por experiencia personal las experiencias liderando grupos en servicios efectivos y experiencias educativas. El diálogo que resulta proveer la percepción sobre las mejores prácticas para misiones saludables a corto plazo.

Después de pasar años trabajando para crear un enfoque más saludable para las misiones a corto plazo, ambos hemos aprendido por experiencia el poder bendiciones y los beneficios cuando las misiones se realizan de una manera sana, humilde y recíproca. Este proceso no siempre fue fácil ni directo para ninguno de los dos, pero a través de un diálogo honesto y un compromiso constante con las misiones a corto plazo de alta calidad, ahora podemos compartir nuestras lecciones aprendidas con usted.

La historia de DJ

Muchas personas tienen un momento definitorio en su vida. Ya sea positivo o negativo, se marca en su memoria y estará con ellos hasta que mueran. Mi momento definitorio llegó a través de misiones a corto plazo.

Casi a diario me preguntan cómo fui llamado por la primera vez al cuidado de huérfanos. Todavía puedo recordar las vistas, los olores y las emociones durante ese día que cambió mi vida hace 25 años. El momento definitorio que cambiaría radicalmente la dirección de mi vida fue compartido con alguien a quien yo nunca antes había conocido, durante su momento definitorio. Nuestras vidas cambiarían para siempre en unas pocas horas juntos, y nunca nos volveríamos a ver.

Me sentí cómodo en mi vida como un hombre cristiano exitoso en negocios, ayudando con el grupo de jóvenes de preparatoria en mi iglesia en mi tiempo libre. Asumí que esa sería la dirección de mi vida y no tuve ningún problema con eso. Estaba cómodo; ni siquiera estaba considerando que Dios podría tener otra cosa en mente. Había estado ayudando a liderar nuestro grupo de jóvenes de preparatoria de la iglesia en viajes misioneros de corto plazo para servir en un pequeño orfanatorio muy deprimente en Baja California Norte, México. Yo disfrutaba servir a los niños en el orfanato, pero también me encantó el cambio que estaba viendo en mis estudiantes de preparatoria mientras aprendían a servir a los demás. Sin saberlo, Dios estaba haciendo cambios similares en mi corazón.

Un día recibí una llamada del orfanatorio. Necesitaban que alguien les trajera algo de los Estados Unidos y me preguntaron si yo podía ayudar. Tuve un sábado abierto y me ofrecí a llevárselos. Mientras yo estaba allí, un niño de 10 años estaba siendo dejado allí. La mayoría de las personas no lo piensan, pero cada niño en un orfanatorio tiene un primer día. Casi siempre es una experiencia terrible y horrible que recordarán por el resto de sus vidas. Han sido abandonados por su familia o retirados debido al abuso o negligencia. Para ellos, las razones son irrelevantes: todo lo que han conocido se ha ido, y han aterrizado en un edificio aterrador lleno de extraños.

Mientras observaba cómo dejaban a este niño, podía ver lo asustado que estaba. No hablaba el idioma en ese tiempo, pero incluso si lo hablara, ¿qué es lo que uno puede decir a eso? ¿Qué tenía que ofrecerle a ese niño cuando estaba en su punto más frágil? No pude decirle que iba a estar bien (no sabía si eso era cierto); no pude decirle que aterrizó en un buen orfanatorio (no lo hizo); todo lo que tenía en mi bolsa de trucos del ministerio de jóvenes era inútil. Así que me senté con él. Dividimos una Coca. Él lloró. Y un par de horas más tarde yo subí a mi carro y me fui a casa.

Sentí dolor por ese niño, un dolor profundo por ese niño, pero entrelazado con el dolor hubo algo que nunca antes había experimentado. Había estado involucrado en muchos ministerios, pero nunca me había sentido tan usado por Dios como estar sentado con ese niño, en la tierra, en ese momento, cuando necesitaba desesperadamente a alguien. Quería más de eso en mi vida. Quería experimentar más de ser usado por Dios para tocar y servir a las personas en ese nivel. De repente todo en lo que había estado trabajando se volvió increíblemente trivial e inútil en comparación con esas pocas horas en Baja California. Ese fue el día en que supe que quería cambiar mi camino desde donde me dirigía, hacia algo más profundo. Por casi 25 años, he trabajado a tiempo completo en el cuidado de huérfanos y facilitando viajes de misión a corto plazo.

Es imposible planificar un momento definitorio en su vida, pero si salimos de nuestra zona de confort y nos colocamos en circunstancias nuevas y desafiantes, es más probable que esos momentos definitorios ocurran. No sabemos cómo es un ministerio de prisión, un ministerio para personas sin hogar o el ministerio poderoso de alentar a otros hasta que estemos dispuestos a dar ese primer paso y colocarnos en situaciones incómodas y difíciles.

En mi experiencia, ambos personalmente y como un testigo de miles de personas, pocas actividades animan más momentos definitorios que las misiones a corto plazo. Hay algo acerca de dejar su país de origen, cruzar fronteras y estar dispuesto para ser usado por Dios en nuevas circunstancias. Las misiones a corto plazo, cuando se realizan correctamente, pueden traer un mayor sentido de conciencia y ayudar a alinear nuestras prioridades. Aunque las personas podrían estar en una misión para compartir el Evangelio y satisfacer las necesidades de los demás, con frecuencia hay una capa más profunda de ministerio en la que Dios está trabajando con nosotros.

A través de los años, he recibido innumerables cartas, correos electrónicos y comentarios de personas que comparten conmigo cómo un viaje misionero a corto plazo a nuestro orfanatorio cambió sus vidas. Conozco a muchas personas hoy en día que están en el ministerio de tiempo completo como resultado directo de un momento definitorio provocado a través de misiones a corto plazo. Para muchos otros que no están en el ministerio de tiempo completo, un viaje misionero a corto plazo se convierte en una experiencia que se extenderá en sus vidas durante los años que han de venir. Puede convertirse en un pedernal que recordarán para siempre.

Phil y yo nos conocimos a través de misiones a corto plazo y su deseo de no solo traer grupos a México, sino su deseo de traer grupos y hacerlo correctamente. Lo he visto traer cientos de grupos a México y ayudarlos a experimentar sus propios momentos definitorios. En los últimos años, junto con trabajar juntos en México también hemos estado viajando para servir en Ghana, África Occidental donde vemos que la obra de Dios continuando. Hemos visto y seguimos viendo que las misiones recíprocas cambian vidas para todos los involucrados.

La historia de Phil

Para mí, no fue tanto un momento definitorio sino una serie de pequeños momentos que Dios uso para llamarme al trabajo que estoy haciendo ahora. En 1990, mientras estaba en la escuela preparatoria, fui a mi primer viaje misionero a corto plazo a un campamento de una iglesia en las montañas de Arizona, donde fui consejero para niños del centro de la ciudad de Phoenix. Al año siguiente fuimos a España para trabajar en un Instituto Bíblico en Barcelona. Nunca me he sentido tan usado por Dios como me lo sentí en estos viajes. Un par de años más tarde tuve la oportunidad de co-liderar viajes a Appalachia y Nicaragua para estudiantes de preparatoria mientras trabajaba por un ministerio cristiano. Estas experiencias no solo cambiaron las vidas de los estudiantes, sino que también cambiaron mi vida, ¡yo quería más!

En 2006, con un corazón y una pasión por los demás, para experimentar a Dios como lo había hecho antes, dirigí un viaje de vacaciones de primavera de 19 estudiantes de preparatoria y 5 adultos al Orfanatorio Puerta de Fe en La Misión, México. El viaje fue un gran éxito. Aquí es donde conocí a DJ Schuetze, el líder estadounidense del orfanatorio. Me impactó profundamente por la visión y la misión de Puerta de Fe también por el corazón de DJ para servir y amar a los demás, especialmente a aquellos que se encuentran en la parte inferior de la vida. Fue este primer viaje donde comenzó nuestra amistad. En las siguientes vacaciones de primavera dirigí otro viaje, esta vez con más de 40 estudiantes de preparatoria. La popularidad del viaje continuó creciendo y más estudiantes, adultos, escuelas e iglesias querían experimentar este poderoso viaje transformador.

Mientras continuamos facilitando estos viajes, cometimos muchos errores y estoy seguro de que causó daño en la comunidad en la que servíamos. Muchos de nuestros errores fueron porque simplemente no sabíamos lo que no sabíamos. Por la gracia de Dios, Él comenzó a revelarme qué cambios debían hacerse.

Comencé a sentir una inquietud acerca de cómo estábamos haciendo estos viajes. Sabía que lo que estábamos haciendo no estaba bien y necesitábamos cambiar nuestro enfoque. En el transcurso de los próximos años de ir a la misma comunidad y al orfanatorio varias veces al año, comencé a darme cuenta y aprender del impacto que nuestra presencia estaba haciendo en el orfanatorio y en la comunidad, no siempre fue tan positivo y eficaz como pensé que era. También comencé a darme cuenta de que había muchas suposiciones falsas sobre las personas que servíamos en México. Nuestras acciones y palabras comunicaban algo que no dignificaba ni honraba a todos. Mi motivación para hacer estos viajes misioneros de corto plazo no siempre fue pura. Aunque estábamos construyendo casas, dormitorios y reparando techos, no estábamos construyendo lo que muchas de estas personas querían más: una relación.

En el transcurso de los próximos años, me dejé ser guiado por personas que vivían en México, como DJ, para ayudarme a comprender completamente los matices y el impacto que tienen los viajes misioneros a corto plazo en la comunidad en la que servíamos. Escuché sus historias de lo que los grupos habían hecho bien y los desastres que causaron otros grupos. Establecimos relaciones con los líderes indígenas con el deseo de entender cómo podríamos servir juntos de una manera más eficaz y amorosa. A través de relaciones recíprocas y humildes a largo plazo con DJ y otros, he aprendido cómo dirigir estos viajes para honrar y servir a todos. Aunque no es perfecto, y no lo tengo todo resuelto, creo que podemos continuar haciendo el trabajo duro de construir relaciones y promover el Reino de Dios juntos cuando construimos relaciones recíprocas que sirvan a todos.

En el transcurso de los últimos 18 años, hemos facilitado viajes misioneros de corto plazo para más de 2,000 estudiantes y adultos, mientras expandimos nuestros socios a largo plazo al Área de la Bahía de San Francisco y Ghana, África Occidental. Luego, en la primavera de 2017, mi familia y yo nos mudamos a México para trabajar más de cerca con las comunidades a las que servimos, así como para facilitar más efectivamente los viajes misioneros a corto plazo. Aunque todavía cometemos errores, estamos creciendo y aprendiendo. Los principales viajes misioneros a corto plazo han sido una de mis más profundas alegrías, ya que he conocido a algunos de los hombres y mujeres más increíbles que han dado su vida por el Evangelio y a estudiantes y adultos increíbles que tienen el deseo de amar y servir a sus vecinos.El mayor impacto que podemos tener en nuestros viajes misioneros a corto plazo es a través de relaciones recíprocas humildes a largo plazo. Es mucho trabajo duro y compromiso, pero si queremos promover el Reino de Dios y honrar a todos los involucrados, el esfuerzo vale la pena.

Los dos nos conocemos desde hace más de una década. Hace poco más de un año, comenzamos a soñar con escribir un libro que pudiera proveer un camino nuevo y diferente para los viajes misioneros a corto plazo. Habíamos leído todos los libros que parecían atacar misiones a corto plazo. Mucho de lo que se decía era cierto, pero creíamos que había una forma diferente de hacer estos viajes.

A través de nuestra relación y experiencia en liderar y hospedar grupos misioneros de corto plazo, hemos visto con nuestros propios ojos el poder de construir asociaciones sólidas para en el ministerio, asociaciones donde la confianza se construye con el tiempo y la relación es mutuamente beneficiosa y edificante para todos los involucrados. Sabemos las bendiciones y los beneficios cuando las misiones se realizan de una manera sana, humilde y recíproca.

El Reino de Dios es más largo, más ancho y más profundo de lo que cualquiera de nosotros puede comprender plenamente. Salir de nuestra rutina por una o dos semanas y pasar tiempo en otra cultura es un paso hacia una mayor comprensión del amor de Dios para todas las personas. Es importante continuar proveyendo esa oportunidad para que la gente vea a Dios trabajar en culturas que no son las suyas. La clave es que debemos acercarnos a las misiones a corto plazo de una manera que sirvan a todos. Caminemos juntos a través de cómo podemos hacer misiones a corto plazo correctamente y de una manera que nos cambie la vida.

CAPITULO 1

Las misiones a corto plazo deben de ser recíprocas

DJ

L a iglesia en América es un tema interesante. A lo largo de los años, ha realizado un trabajo increíblemente positivo y, al mismo tiempo, si somos honestos, la iglesia ha hecho mucho daño, como lo han hecho nuestros predecesores en todo el mundo por siglos. Un problema continuo y problemático de la iglesia: tiende a tener una mentalidad de hacer decisiones basadas en las acciones de los demás. Ya sea que exija la prohibición del alcohol hace cien años, la oposición rabiosa a la música secular hace unos 30 años o el aumento en los estudios de los últimos tiempos que parece ocurrir cada 10 o 15 años, la iglesia sigue las tendencias.

Una de las tendencias actuales en la iglesia (además de abrir cafés y usar plataformas para decorar en todas partes) es cuestionar el valor de las misiones a corto plazo. ¿Por qué gastar tanto dinero para enviar un equipo tan lejos? ¿Los equipos misioneros están robando los trabajos que los locales deberían estar haciendo, no? ¿Qué puede hacer un grupo de muchachos de preparatoria? ¿Estamos haciendo más mal que bien, no?

Las misiones han sido una espada de doble filo en la mayor parte de la historia de la iglesia. Hay mucho que cuestionar y muchos errores de los que arrepentirse y evitar en el futuro, pero también hay una gran cantidad de positivos cuando las misiones se realizan correctamente. Las misiones han hecho muchísimo bien y algunos daños profundos, pero las misiones son una parte importante de nuestra fe. Tenemos nuestras órdenes en el Evangelio de Marcos:"Vayan por todo el mundo y anuncien las buenas nuevas a toda criatura" (Marcos 16:15).

Tenemos una responsabilidad y un llamado a servir a los demás. Es fundamental tener una visión honesta de las misiones y acercarse a ellas correctamente, con amor y con un corazón humilde. Este libro se trata sobre cómo hacer precisamente eso, particularmente en viajes de misión a corto plazo.

En el punto crucial del problema con las misiones, a largo o corto plazo, es que cualquier ministerio involucra inherentemente a las personas. La gente es compleja. Por definición, todo lo que involucra a la gente se volverá difícil y complicado; las misiones a corto plazo no son diferentes. Cualquiera que haya estado involucrado con una iglesia sabe muy bien que las personas están quebrantadas y tienden a crear mucho drama, incluso en las situaciones más saludables. Pero eso no significa que la iglesia no deba de trabajar con ellos o que es saludable abandonarlos.

Al igual que la iglesia, las misiones a corto plazo han lastimado a las personas, y deberían de ser hechos mejor, pero los errores pasados y las complicaciones actuales no son una buena razón para abandonar la práctica de las misiones a corto plazo. En vez de eso, tenemos que profundizar, tenemos que aprender a amar mejor, tenemos que desarrollar relaciones recíprocas que beneficien a todos los involucrados.

El matrimonio como analogía para las misiones

Si uno considera el matrimonio como una institución y lo juzga por los resultados finales, sería muy fácil armar un argumento para abolirlo. El matrimonio es complejo. El matrimonio es difícil. Un matrimonio saludable es complicado y requiere un esfuerzo continuo. Con frecuencia, los matrimonios requieren consejo y orientación externos. Demasiados matrimonios finalmente terminan mal. Con demasiada frecuencia hay abuso intencional o incluso no intencional. Con haber dicho todo esto, muy pocas personas en la iglesia dirían que la institución del matrimonio debería terminar. Cuando ambas partes sirven con humildad, comprensión y el deseo de fortalecerse mutuamente, la institución del matrimonio puede ser un regalo espectacular de Dios. Si las personas empiezan el matrimonio con motivaciones egoístas o expectativas poco realistas, un matrimonio saludable es increíblemente difícil, si no imposible. La forma en que nos preparamos y entramos en el matrimonio construye la fundación para un esfuerzo amoroso y saludable y Dios es glorificado.

Vuelva a leer el último párrafo, cambiando la palabra "matrimonio" a "misiones a corto plazo". Las misiones a corto plazo son complejas, pueden causar un gran daño y requieren mucho esfuerzo. Todas estas cosas son la verdad. Pero cuando funciona bien, las misiones a corto plazo, como el matrimonio, pueden ser un regalo increíble de Dios que cambia la vida de los involucrados para el mejor. Todo el esfuerzo vale toda la pena.

A menudo, cuando un matrimonio termina en divorcio, generalmente es el resultado de expectativas no cumplidas: "Pensé que el matrimonio resolvería mi soledad". "Pensé que serías una mejor ama de casa". "Pensé que serías un mejor proveedor". Cuando las personas van a misiones a corto plazo con expectativas poco realistas, sucede algo similar: la decepción y el desánimo. El viaje puede ser visto como un fracaso. En un viaje de misión a corto plazo, establezca metas y expectativas realistas, y comuníquelas a todos los involucrados. Al mismo tiempo, la flexibilidad es vital porque es raro que nuestras expectativas se alineen con lo que Dios ha planeado.

Al igual que en el matrimonio, es crítico cómo respondemos cuando las cosas no salen según lo planeado. Si usted espera que las cosas sean perfectas, se va a decepcionar. Gestionar nuestras expectativas es saludable y fundamental para nuestro propio bienestar. Cuando un viaje no se realiza de acuerdo con el plan, tenemos una opción simple: podemos sentirnos frustrados por las dificultades o podemos fluir con él y disfrutar del desastre. Dios ve un panorama mucho más grandioso, y en últimamente, incluso con una planificación adecuada, muy poco de lo que sucede está bajo nuestro control de todos modos.

Una perspectiva estrecha causa daño

A menudo, nuestra perspectiva simplista causa el desorden de las misiones a corto plazo. Muchos estadounidenses juzgan las misiones a corto plazo desde la posición cómoda de sentarse en los EE. UU., y juzgan desde lejos sin una comprensión adecuada de otros contextos culturales. Es importante tener en cuenta las situaciones difíciles, complicadas y de múltiples niveles desde muchas perspectivas.

Hace unos años, un miembro de mi personal estadounidense aquí en México fue muy explícito acerca de cuán terribles eran todas las nuevas fábricas en México porque estaban abusando de los trabajadores y aprovechando los bajos salarios en México. Después de que ella se había hablado por un rato, un buen amigo mío, que se crió y fue educado en México y está familiarizado con los sistemas de las fábricas, entró. Tan neutral como pude, le pregunté: "¿Qué piensas sobre los programas de las fábricas?"Su respuesta inmediata fue: "Envía más". Explicó que las fábricas estaban proveyendo empleos muy necesarios, en una escala de pago más alta de lo que se había visto en generaciones. Sí, los trabajadores están ganando menos que sus homólogos estadounidenses, pero están ganando más que cualquiera de sus compañeros. La perspectiva es necesaria antes de que juzguemos.

¿Cuáles son las bendiciones invisibles de enviar grupos? Aunque en los últimos años se ha escrito mucho sobre el daño que pueden causar las misiones a corto plazo, sería difícil encontrar una organización que hospedan grupos que no quieran más. ¿Por qué es esto? ¿Qué es la desconexión? ¿No ven o entienden el daño que traen los grupos? Por supuesto que lo ven, pero los beneficios para las organizaciones misioneras y las personas en el campo superan con creces los dolores de cabeza de hospedar a la mayoría de los grupos. ¿Cuántos orfanatorios, iglesias, escuelas o centros médicos no existirían sin los equipos que los construyeron o apoyaron? ¿Cuántos misioneros a largo plazo no estarían en el campo hoy si no hubieran tomado un viaje a corto plazo? Cuando se realiza correctamente, las misiones a corto plazo cambian el mundo.

"Primero, no hacer daño" es uno de los inquilinos del Juramento Hipocrático, lo cual es fundamental para la profesión médica. La misma idea es fundamental para un enfoque saludable de las misiones a corto plazo. Muy a menudo nos apresuramos con buenas intenciones, pero terminamos empeorando la situación aún más

A menudo, a primera vista, una idea de las misiones para "ayudar" puede sonar excelente, como un acto de generosidad. Sin embargo, los resultados de nuestras acciones podrían extenderse de maneras que nunca hemos considerado.

Aquí, en nuestro orfanatorio, hemos tenido visitas que con buenas intenciones reparten dinero a nuestros niños. Piensan que están bendiciendo a los niños cuando los ven emocionándose al recibir este dinero. Sin embargo, si usted estuviera visitando a una familia en los EE. UU., ¿Repartiría al azar feria a sus hijos? Es simplemente raro. Además, al hacer esto, los grupos enseñan a nuestros niños a mendigar o manipular a los huéspedes en nuestra casa. Antes de que vinieran a nosotros, muchos de nuestros niños estaban mendigando para poder sobrevivir. Nos esforzamos mucho para enseñar a nuestros niños como trabajar para las cosas extras en la vida y no a rogar. Al compartir amablemente las monedas, están trabajando directamente en contra de algunos de nuestras metas para los niños en nuestro cuidado.

He visto grupos con buenas intenciones que vienen a una comunidad, encuentran un pastor local y se ofrecen para construir un edificio de iglesia desde cero. En la superficie, la idea puede aparecer muy bien. Mirándolo en una imagen más grande, la financiación total de una iglesia generalmente crea una dinámica no saludable. ¿Esa congregación tiene la propiedad emocional de su iglesia si no ha compartido en el trabajo? ¿Están aprendiendo a compartir y dar a la iglesia si creen que su "ácaro de la viuda" no es necesario? Es increíblemente saludable cuando una congregación se une para trabajar por un objetivo común. No estoy diciendo que no deberíamos apoyar y ayudar a las iglesias en el campo de la misión, pero al hacer todo por ellos, no les estamos permitiendo crecer de una manera saludable y normal.

Ampliando la perspectiva; construyendo una relación

Entonces, ¿cuál es la solución? ¿Cómo hacemos un viaje de misión y no hacer más daño que bien? La mejor manera de seguir adelante con cualquier viaje de misión es considerar nuestro impacto en oración, tanto positivo como negativo, en cualquier comunidad a la que vamos a servir. Así como las personas son el centro del problema con las misiones, también son el corazón de la solución. Junto con la oración, lo más importante que podemos hacer es desarrollar una relación con un ministerio en el campo que ya presta servicios a largo plazo en esa área y también escucharlos. Estas son las personas cuyos ministerios que son bendecidos por su visita, o son dejados para limpiar los escombros. Saben lo que funciona, lo que no funciona y cómo aprovechar las habilidades y los recursos que usted desea proveer. Deje que lo guíen hacia un viaje productivo y útil para todos los involucrados.

Aquí hay un ejemplo de cómo cambiar sutilmente un proyecto lo llevará de dañino a beneficioso: tenemos equipos que desean hacer distribución de alimentos para familias en áreas empobrecidas. A menudo van a Walmart en una ciudad cercana, compran una gran cantidad de comida a mayoreo y los empaquetan para su distribución. Sí, están proporcionando comida y una bendición para las familias de la comunidad. Pero, ¿qué están haciendo a las tiendas locales y los mercados de agricultores? La mayoría de las tiendas pequeñas apenas se mantienen abiertas con las pocas ventas que tienen en áreas más necesitadas. El resultado de esta bendición a corto plazo podría ser que las personas de la comunidad pierdan sus trabajos. Si ese mismo grupo compra localmente, es posible que paguen un poco más por el mandado, pero además de bendecir a las familias necesitadas también estarán invirtiendo dinero en la comunidad local y ayudando a que las empresas y los empleos sigan avanzando.

Con un cambio sutil y sabio, nuestros esfuerzos pueden tener el impacto positivo deseado que queremos traer. Tal vez, en lugar de repartir cambio a los niños en un orfanatorio, podamos encontrar formas de bendecir al personal de exceso de trabajo que la mayoría de la gente ignora. Ya sea comida o materiales de construcción, considere comprar localmente siempre que sea posible. Quizás para cada persona de su equipo que vierte esa losa de concreto, nos comprometemos a contratar a un trabajador local de construcción para ayudarlos durante el día.

Tipos de viajes diferentes

"Las misiones a corto plazo" pueden ajustarse a cualquiera cantidad de objetivos, y es una ventaja para usted y su equipo establecer esos objetivos en las etapas iniciales de la planificación; luego vuelva a evaluar los objetivos mientras establece relaciones en el campo en el país de destino u área. Veamos algunos objetivos comunes:

- El viaje evangelístico. El propósito y la meta del viaje es la difusión del Evangelio, o ayudar a los que están en el campo haciendo trabajo evangelístico. Estos viajes pueden incluir participación en los servicios de la iglesia local, realizar dramas evangelísticas, enseñar estudios bíblicos, etc.

- El viaje de servicio de construcción. El propósito del viaje es ayudar a los que están en el campo a través de materiales y trabajo físico. A veces puede ser tan simple como limpiar y pintar o tan involucrado y hábil como construir escuelas, casas, clínicas médicas u otras estructuras físicas necesarias, como pozos de agua y granjas pequeñas.

- El viaje de necesidades de emergencia. Estos tipos de viajes son más raros pero igual de importantes: enviar equipos calificados y materiales para ayudar en situaciones de emergencia, como terremotos, inundaciones, socorro en caso de huracanes, etc.

- El viaje de altas habilidades. Estos viajes generalmente implican asistencia médica y capacitación, pero también pueden incluir asistencia apoyo de información de tecnología, capacitación para pequeñas, capacitación en administración, etc.

- El viaje de volunturismo. Este término surgió en los últimos años para burlarse de lo que muchos viajes misioneros se han convertido en envolver unas vacaciones con el manto de hacer buenas obras. Personalmente no tengo ningún problema con un viaje de volunturismo, si se está haciendo un buen trabajo y se están construyendo relaciones. Mi esperanza es que todos los equipos que yo hospede disfruten su viaje y tengan una experiencia que les cambie la vida. Viajar amplía nuestros horizontes y nos amplía como individuos. Si nuestro viaje incluye reunirse, servir y trabajar con grandes personas de otros países, esto es una gran cosa. La clave es ser honestos y realistas acerca de nuestros objetivos.

Convertirse en un buen socio

Hemos establecido algunos objetivos ambiciosos para el libro que usted está leyendo. Queremos echar un vistazo fresco a las misiones a corto plazo y guiar a las personas hacia relaciones sanas de una misión recíproca. Las relaciones sanas siempre son recíprocas: funcionan en ambas direcciones a medida que las personas aprenden a servirse y a fortalecerse mutuamente. Todos tenemos algo que aprender, y todos tenemos algo que ofrecer cuando nos encontramos con otros cristianos en cualquier parte del mundo en el que podríamos estar trabajando.

Mientras continuamos, veremos algunos componentes centrales de las misiones: motivaciones para ir y hospedar, cómo tener un impacto positivo y hacer el menor daño posible, el espinoso tema del financiamiento en las misiones y varias otras áreas que son fundamentales para tener en cuenta si usted va a tener una experiencia misionera a corto plazo eficaz, saludable y recíproca.

No importa el tema que estemos discutiendo, nuestro objetivo principal es cambiar el modelo normal de las misiones: "tenemos algo que ofrecer y tenemos que salvar a esas personas", y en cambio, mostrar el valor de una relación verdaderamente recíproca y cómo construir uno. Sí, usted y su equipo tienen talentos maravillosos y recursos que ofrecer, pero muchas iglesias, ministerios y personas de todo el mundo también tienen dones grandes y valiosos para ofrecerle a usted y a su equipo. Todos traemos algo a la mesa. Cuando abrimos nuestras perspectivas y nuestros corazones, Dios puede usarnos a todos para inspirarnos unos a otros y lograr cambios significativos en nuestras vidas.

Nuestra esperanza y oración es que este libro lo anima a comenzar o mejorar su experiencia y esfuerzos misioneros a corto plazo. Que Dios dirija sus pensamientos, conversaciones y esfuerzos en las misiones y en todas las áreas.

El grano de arena de Phil

No sabes lo que no sabe hasta que lo sabes. Todos tenemos puntos ciegos. Todos tenemos áreas de nuestras vidas que no podemos ver a menos que alguien más nos las revele, especialmente en un entorno intercultural. No importa a dónde vayamos, tomamos nuestro contexto, nuestra cultura y cómo vemos el mundo con nosotros. Esto no es malo ni incorrecto, pero debemos de ser conscientes de que nuestra visión o entendimiento del lugar y las personas a las que estamos sirviendo tiene puntos ciegos. Hay cosas que simplemente no sabemos. Si queremos ser eficaces en nuestros viajes misioneros a corto plazo, debemos de estar disponibles para ser enseñados y dirigidos por aquellos a quienes servimos.

Las relaciones recíprocas y humildes son la mejor manera en que podemos crecer y tener nuestros puntos ciegos revelados a nosotros. Elegir la ignorancia sobre el descubrimiento de una manera de hacer misiones a corto plazo que honren, respeten y sirvan a todos es contrario al mandato de Dios de "amar a su prójimo". Si queremos realizar misiones a corto plazo de manera adecuada y eficaz, donde todos los involucrados se beneficien del viaje misionero a corto plazo, debemos de estar dispuestos a tener relaciones abiertas y honestas con aquellos a quienes estamos sirviendo. Como equipos y líderes de viajes de misiones a corto plazo, debemos de estar dispuestos a escuchar a las comunidades anfitrionas sobre el daño que estamos haciendo, y estar dirigidos a cómo podemos cambiar y asociarnos con ellos para promover más efectivamente el Reino de Dios.

CAPITULO 2

Una visión bíblica para las misiones a corto plazo

Phil

Vivo en un lugar donde veo innumerables equipos de viajes misioneros a corto plazo. Son fáciles de ver todos con sus camisas brillantes, en el aeropuerto, en In-N-Out o en el Costco antes de cruzar la frontera, y en el interminable desfile de camionetas blancas para 15 pasajeros. Sabe quiénes son y su misión cuando lee el verso del tema en la parte posterior de sus camisetas.

Las personas tienen muchas razones para ir en un viaje misionero a corto plazo. Algunos van porque creen que es el próximo paso en su relación con Dios servir a "los más pequeños" y "predicar el Evangelio hasta los confines de la tierra". Sin embargo, otros van porque no saben qué más hacer con sus vacaciones de verano, ¿por qué no ir y hacer una diferencia en un viaje misionero a corto plazo?

Hay muchas buenas razones para ir. Pero algunas razones aparentemente buenas, si no somos conscientes, no siempre son útiles. Aunque la Biblia no habla explícitamente sobre misiones a corto plazo, nos da el marco para misiones eficaces a corto plazo. En este capítulo, veremos lo que dice la Biblia sobre el propósito de las misiones a corto plazo y cómo hemos visto cómo se desarrollan esos propósitos en la vida real.

El mundo está roto

No se necesita mucho para darse cuenta de que nuestro mundo está roto. Los matrimonios se están desmoronando. Solo en los EE. UU., El número de niños en hogares de guarda sigue aumentando, la falta de vivienda está en aumento y los disparos en masa siguen cobrando más vidas. A nivel mundial, hay más de 28 millones de personas que siguen esclavizadas y aproximadamente 153 millones de huérfanos. Nuestro quebrantamiento se puede ver en cómo nos tratamos unos a otros y cuidamos la creación de Dios. Todos lo hemos sentido. Nadie está exento.

Todo el dolor y las heridas pueden rastrear a las relaciones rotas que tenemos con Dios, con nosotros mismos, con los demás y con este mundo. Lo extraño es que nadie nos enseñó a desobedecer o herir uno al otro, es parte de nuestra naturaleza humana.

Recuerdo la primera vez que mi hijo me desobedeció deliberadamente. No podría haber tenido más de 12 meses de edad. Estaba sentado en el piso de nuestra cocina jugando cuando abrió una puerta de un gabinete debajo del fregadero y comenzó a tocar los artículos de limpieza que estaban almacenados allí. Claro, tal vez deberíamos haber tenido cerraduras de seguridad para niños, pero este niño generalmente no las necesitaba. Le dije: "Caleb ... ¡NO!" Elegí no cerrar el gabinete porque quería ver si me obedecía. Me miró y volvió a tocar los artículos debajo del fregadero. Esta vez agarré su mano, lo miré a los ojos con una expresión seria, y con más intensidad en mi voz, dije: "Caleb... ¡NO! No lo toques. Me miró con disgusto en los ojos, me gruñó y volvió a tocar los artículos de limpieza. ¡Yo estaba en shock! Este fue mi primogénito obediente. ¿Cómo podría este lindo niño de rostro rechoncho desobedecerme así? Más aún, ¿quién le enseñó a desobedecerme?

Historias simples como esta suceden en cada relación en nuestras vidas. ¿Por qué vivimos en un mundo donde las relaciones están rotas? ¿De dónde salieron mal nuestras relaciones entre nosotros?

El principio del quebrantamiento

Nuestro quebrantamiento no es nada nuevo. En Génesis 3 leemos acerca de cuándo nuestro mundo se rompió por primera vez:

"—¿Es verdad que Dios les dijo que no comieran de ningún árbol del jardín?

—Podemos comer del fruto de todos los árboles —respondió la mujer—. Pero, en cuanto al fruto del árbol que está en medio del jardín, Dios nos ha dicho: "No coman de ese árbol, ni lo toquen; de lo contrario, morirán".

Pero la serpiente le dijo a la mujer:

—¡No es cierto, no van a morir! Dios sabe muy bien que, cuando coman de ese árbol, se les abrirán los ojos y llegarán a ser como Dios, conocedores del bien y del mal.

La mujer vio que el fruto del árbol era bueno para comer, y que tenía buen aspecto y era deseable para adquirir sabiduría, así que tomó de su fruto y comió. Luego le dio a su esposo, y también él comió. En ese momento se les abrieron los ojos".

Cuando Adán y Eva escucharon el sonido de Dios caminando en el jardín, se escondieron. Pero Dios los llamó, "¿Dónde estás?"

"¿Dónde estás?" Muchas veces me he preguntado por qué Dios hizo esta pregunta. Por supuesto, Él sabe dónde se esconden Adán y Eva: Él es omnisciente y omnipresente.

Creo que la pregunta tiene que ver más con llamar su atención a la ubicación del corazón de Adán y Eva y su relación con Dios, que con su ubicación física.[1] "¿Dónde estás?" ¿Espiritualmente? ¿Mentalmente? ¿Relacionalmente? Es como cuando usted tiene una conversación con alguien y parece que está en otro lugar mental o emocionalmente. Usted puede darse cuenta que algo ha cambiado. Algo había cambiado en la relación entre Adán, Eva y Dios. Entonces, siento que Dios estaba preguntando: "¿Qué pasó con nuestra relación?"

La serpiente tenía una mitad de razón; ¿No es así como Satanás trabaja muchas veces? Cuando dijo: "No morirás" (3: 4), Adán y Eva no murieron físicamente en ese momento, sino su relación tal como la conocían con Dios, con ellos mismos, entre sí, y la creación experimentó la muerte.

- La relación de Adán y Eva como, tal como ellos sabían, murió. Nunca más volverían a experimentar la intimidad sin pecado. Comenzaron a culpar a alguien más por su desobediencia (3: 12-13; 16).

- La relación de Adán y Eva con Dios, tal como ellos sabían, murió. Fueron expulsados del jardín, nunca para caminar en el "fresco del día" con Él nuevamente en la tierra (3:23).

- La relación de Adán y Eva con la tierra murió, ya que ahora tendrían que trabajar la tierra, depender del clima y luchar contra las malas hierbas y las espinas para cultivar (3: 17-19).

---

[1] 1 La primera vez que escuché esta interpretación de este texto fue en un sermón de MattKrick, BayMarinCommunityChurch.

Sus relaciones rotas se transmitieron a su familia cuando, solo un capítulo más tarde en Génesis, leemos sobre los celos, el egoísmo, el orgullo y el asesinato entre los dos hijos de Adán y Eva, Caín y Abel (4: 1-12). Luego, en Génesis 6, Dios inundó la tierra a causa del pecado y las relaciones rotas que habían invadido el mundo. El quebrantamiento se ha transmitido de generación en generación desde entonces. La muerte ha entrado en nuestras relaciones. Desde nuestras elecciones individuales hasta la esclavitud, la pobreza, las leyes injustas y la guerra, todas nuestras relaciones están rotas.

¿Qué tiene que ver esto con las misiones a corto plazo? Bueno, ¿haríamos viajes misioneros de corto plazo si nuestro mundo no estuviera roto? La mayoría de los viajes misioneros a corto plazo van a lugares donde nuestro mundo está visiblemente roto con el deseo de traer esperanza y sanación a los quebrantados. Para pensar más profundamente sobre esto, debemos de pensar en las intenciones de Dios para el mal en el mundo y en lo que muestra la historia de Génesis sobre el plan de Dios.

¿Dios intenta el mal?

La historia de Dios y el Jardín del Edén plantea preguntas sobre Dios y el mal. El papel del mal es algo con lo que siempre he luchado. Casi cada viaje, alguien pregunta: "¿Por qué hay tanto sufrimiento en el mundo?" Sí, el sufrimiento puede hacer que nos acerquemos más a Él, y Dios no desperdicia nada. Los grandes teólogos han luchado contra el papel del mal, e independientemente de dónde caigamos en nuestras creencias, cuando uno mira la espalda de un niño que ha sido golpeado por un maestro de esclavos o ve 10,000 a 12,000 niños abandonados en las calles de Tijuana, no podemos ignorar la tensión que existe.

Cuando vemos dolor y sufrimiento en nuestros viajes misioneros de corto plazo, nos hace sentir incómodos. A veces, en un intento por sentirnos mejor, intentamos resolver problemas muy complejos muy rápidamente. Para aquellos que lideran misiones a corto plazo, tambien para aquellos que realizan misiones a corto plazo, pensemos críticamente sobre estos temas más profundos y luchemos contra las tensiones que crean.

Las preguntas que he considerado en relación con los viajes misioneros a corto plazo son: Si, como muchos creen, el sufrimiento es parte del plan de Dios, ¿por qué deberíamos realizar viajes misioneros a corto plazo? Si hay una razón para la pobreza, la esclavitud, el hambre y las personas que no tienen acceso a agua potable, ¿por qué nos estamos interponiendo en el plan de Dios al ir a estos viajes? ¿Debemos trabajar para aliviar el dolor y el sufrimiento en todo el mundo?

La historia en Génesis es un retrato del deseo de Dios de una relación perfecta con la humanidad. A través de la desobediencia, nuestro mundo se rompió, dando paso al dolor y al sufrimiento. Jesús vino a redimirlo todo. Lo sorprendente de Dios es que Él es capaz de hacer que algo bueno venga de las cenizas. Jesús nos revela su deseo de traer esperanza y sanidad a las vidas de las personas a través de las relaciones, y si deseamos ser como Él, podemos unirnos a Él no solo en nuestros viajes, sino también en nuestra vida cotidiana.

Cómo responde Jesús al sufrimiento

Jesús nos revela cómo se siente con respecto al quebrantamiento y el dolor en nuestro mundo en la historia de resucitar a su amigo Lázaro de los muertos (Juan 11). Lázaro había estado enfermo y estaba cerca de la muerte. María y Marta, las hermanas de Lázaro, le enviaron un mensaje a Jesús de que Lázaro estaba muy enfermo y le pidieron que viniera rápidamente. Sin embargo, cuando Jesús escuchó que Lázaro estaba enfermo, se quedó dos días adicionales antes de partir hacia la casa de Lázaro.

Cuando Jesús llegó a la ciudad, Lázaro ya había estado en la tumba por 4 días (Juan 11:17). Cuando Jesús se acercó a la casa, María y Marta corrieron a verlo. Estaban angustiadas por la muerte de su hermano y amigo. También estaban molestos porque Jesús no había venido antes, ya que creían que Lázaro no habría muerto si Jesús hubiera llegado más temprano.

Cuando Jesús se encuentra con el sufrimiento humano, al ver el dolor en las caras de sus amigas, Jesús responde de una manera sorprendente. "Al ver llorar a María y a los judíos que la habían acompañado, *Jesús se turbó y se conmovió profundamente*" (Juan 11:33, énfasis mío).

La palabra griega para "profundamente conmovido en espíritu" es embrimaomai, que significa "sentirse conmovido por la ira". Si Jesús fue conmovido por la ira, ¿por qué se enojó? O una mejor pregunta: ¿con quién o con qué estaba enfadado? ¿Jesús estaba enojado con la falta de fe de María, Marta y las personas que lo rodeaban? ¿Jesús estaba enojado con los judíos que lo rodeaban y que pronto querrían apedrearlo? ¿Jesús estaba enojado porque su amigo Lázaro murió, aunque sabía que Lázaro moriría?

Quizás no sea ninguna de esas razones. ¿Podría ser posible que Jesús estuviera enojado porque había tanto dolor y sufrimiento en el mundo? Estaba enojado porque la muerte era parte de la vida. El mundo como es nunca fue lo que Dios quiso.

Seguir el ejemplo de Cristo de responder al sufrimiento, las misiones a corto plazo deben de enfocarse en aliviar el quebrantamiento en nuestro mundo. Es bueno y correcto que caminemos junto a nuestros amigos y familiares que están sufriendo, asociarnos con organizaciones que realizan el arduo trabajo diario de justicia, misericordia y compasión en diferentes áreas del mundo (local y globalmente). Es bueno y correcto que quienes están en la línea del frente del ministerio trabajen contra las injusticias y la pobreza, cuiden de los huérfanos y proveen alimentos y agua limpia.

Trabajar con organizaciones asociadas, las misiones a corto plazo han ayudado a liberar los pesos y las cadenas de la vida de las personas para que puedan crecer más plenamente en las personas que Dios las ha creado para convertirse, a través de orfanatorios y escuelas, clínicas médicas, viviendas sostenibles, agua limpia, o iglesias construidas para alcanzar a los que están lejos de Jesús.

Pero debido a que las misiones a corto plazo trabajan tan cercas con el daño en el mundo, y como son capaces de llevar los propósitos de Dios, existe el potencial de hacer daño incluso cuando intentamos aliviarlo. Debemos de tener precaución en la forma en que facilitamos nuestros viajes misioneros a corto plazo. Necesitamos entender que no somos el Mesías, y no podemos y no debemos dirigir estos viajes misioneros a corto plazo solos. Dado que la raíz del problema en el mundo son las relaciones rotas, nuestras relaciones son la clave para traer la esperanza y la sanidad de Dios. Para hacer esto, necesitamos desarrollar relaciones a largo plazo con aquellos a quienes servimos en nuestros viajes, y debemos reconocer que existe quebrantamiento en ambos lados de la relación.

Todos necesitamos ser rescatados

Una de las muchas cosas que he aprendido en el transcurso de dirigir viajes misioneros a corto plazo es que no solo los que viven en la pobreza y en las calles necesitan ser rescatados. Necesito rescate. Necesito ser salvado de mi vida individualista, consumista, yo primero vida. Los estudiantes y adultos que guío en nuestros viajes también necesitan salvación también, salvación de la apatía, la adicción, la depresión, las relaciones rotas, el vacío, la soledad y la necesidad de los brazos amorosos de Jesús. Nuestra pobreza no se ve tan fácilmente como la pobreza física, los niños de la calle o las casas de lona. Podemos ocultarlo detrás de céspedes bien cuidados, ocupaciones, el velo de la independencia y la riqueza, que parecen tenerlo todo perfecto.

Aunque vivimos en lugares diferentes rodeados por circunstancias muy diferentes, necesitamos a las personas a las que servimos en nuestros viajes misioneros a corto plazo, tanto o más que lo que nos necesitan. Podemos aprender mucho de aquellos a quienes servimos, entendiendo que tenemos una necesidad mutua de ser "salvados". Dios ha escondido el remedio de nuestro quebrantamiento en lugares poco probables. Las personas que estamos sirviendo son ricas en perspectiva y sabiduría que pueden ayudarnos a eliminar los pesos y las cadenas que nos impiden convertirnos en las personas que Dios nos ha creado.

Vamos a hablar de la pobreza por un minuto. Estoy seguro de que usted ha escuchado las estadísticas de que si convirtiera la población del mundo en un pueblo de 100 personas, proporcionalmente obtendría los siguientes resultados:[2]

- 6 personas poseerían el 59% de la riqueza de todo el pueblo, y las 6 serían de los EE. UU.

- 74 personas poseerían el 39% de la riqueza de todo el pueblo

- 20 personas compartirían el 2% restante de la riqueza de todo el pueblo.

- 80 vivirían en viviendas deficientes

- 12 no podrían leer

- 50 estarían malnutridos, 20 no tienen una fuente confiable de alimentos, 30 siempre tienen suficiente para comer

- 1 tendría un título universitario

- 80 tendrían agua limpia y 20 no tendrían

- Si uno guarda su comida en un refrigerador y su ropa en un armario, si tiene una cama para dormir y un techo sobre su cabeza, es más rico que el 75% de la población mundial.

---

[2] "If The World Were a Village of 100," University of Southern Maine, accedidonoviembre, 2017.https://usm.maine.edu/international/if-world-were-village-100-0

Estos son hechos asombrosos sobre la disparidad entre privilegio y necesidad. ¿Dónde se encuentra usted en estas estadísticas? Lo más probable es que esté al menos entre el 10% y el 20% superior. Con mucho privilegio viene la oportunidad y la responsabilidad de hacer una diferencia. Pero el precio del privilegio tiene un precio alto. La pobreza no siempre es física y materialista.

- Los Estados Unidos consumen más opioides que cualquier otro país del mundo, y está creciendo.[3]

- Los Estados Unidos tienen más personas que mueren de sobredosis de drogas que cualquier otro país del mundo.[4]

- Según la Organización Mundial de la Salud, Los Estados Unidos encabeza la lista de ciudadanos que experimentan trastorno bipolar, trastorno depresivo mayor o depresión menor crónica en el transcurso de un año.

- El Foro Económico Mundial publicó "Los países más felices del mundo" y Los Estados Unidos ocupó el treceavo lugar. Pero lo interesante fue que los países más ricos se ubicaron

[3] Keith Humphreys, "Americans use far more opioids than anyone else in the world" 20 de marzo, 2017. https://www.washingtonpost.com/news/wonk/wp/2017/03/15/americans-use-far-more-opioids-than-anyone-else-in-the-world/?noredirect=on&utm_term=.aaa75453fb25

[4] Dyfed Loesche, "America Has the Highest Drug-Death Rate in North America-and the World," Statista. 26 de junio, 2017.https://www.statista.com/chart/9973/drug-related-deaths-and-mortality-rate-worldwide/

cerca del fondo del índice más feliz del mundo. El dinero no equivale a la felicidad.[5]

- Según la División de Demografía y Estadísticas Sociales de la ONU, Estados Unidos se ubica en el décimo lugar entre los 196 del mundo en las tasas de divorcio.
- Los estudios han demostrado que la felicidad o la satisfacción con la vida no mejoran una vez que una persona gana $ 75,000 / año.[6]
- Los Estados Unidos es el mayor consumidor de productos del mundo. [7]

¿Qué está pasando? Los Estados Unidos es uno de los países más ricos en el mundo con la mayor oportunidad de tener lo que queremos, sin embargo, sufrimos la mayor ansiedad, depresión e infelicidad en comparación con muchos otros países. Estamos sufriendo un tipo de pobreza que es fácil de ocultar.

Thomas Merton lo expresó mejor cuando escribió: "La gente puede pasar toda su vida subiendo la escalera del éxito solo para encontrar, una vez que llegan a la cima, que la escalera se apoya contra la pared equivocada". ¿Nosotros, como estadounidenses, estamos subiendo la escalera de éxito en la pared equivocada?

En Lucas 19, Jesús visitó Zaqueo, el rico recaudador de impuestos. Zaqueo, que era judío, cobraba impuestos para Roma. Por lo tanto, el pueblo judío lo odiaba porque trabajaba para el gobierno romano opresivo. Zaqueo no solo fue odiado porque la gente lo veía como un

---

[5]Keith Breene, "The world's happiest countries in 2016" 14 de noviembre, 2016. https://www.weforum.org/agenda/2016/11/the-worlds-happiest-countries-in-2016/

[6]The 25 Largest Consumer's Markets ... And The Outlook For 2015" International Business Guide. Accedido noviembre 2017. https://www.internationalbusinessguide.org/25-largest-consumers-markets-outlook-2015/

[7] The 25 Largest Consumer's Markets ... And The Outlook For 2015" International Business Guide. Accedido noviembre 2017. https://www.internationalbusinessguide.org/25-largest-consumers-markets-outlook-2015/

traidor, sino porque obtuvo su riqueza engañando y extorsionando a la gente con su dinero. Zaqueo estaba destruyendo las vidas de las personas. Él no estaba viviendo en una relación correcta con Dios, él mismo u otros. Zaqueo, como muchas personas, perseguía el poder y la riqueza. Esta búsqueda se había convertido en pesos y cadenas que le impedían convertirse en todo lo que Dios había creado para que fuera. Nuestras propias búsquedas de poder, riqueza y estatus son obstáculo que evitarán que nos convirtamos en todo lo que Dios nos ha creado. Sin embargo, Jesús persiguió a Zaqueo.

Jesús, Zaqueo y otros "pecadores" cenaron juntos. Después de que terminaron su comida, Zaqueo se puso de pie e hizo un anuncio sorprendente. "Mira, Señor: Ahora mismo voy a dar a los pobres la mitad de mis bienes y, si en algo he defraudado a alguien, le devolveré cuatro veces la cantidad que sea" (19: 8). Zaqueo, en un momento, se dio cuenta de que su búsqueda de poder y riqueza estaba destruyendo no solo su vida, sino también las vidas de otras personas. Entonces Jesús le dijo a Zaqueo: "Hoy ha llegado la salvación a esta casa" (19: 9).Zaqueo se dio cuenta de que la mejor manera de vivir era entregar su vida, reconciliar las relaciones con aquellos que había destruido y comenzar a vivir en buenas relaciones con Dios, con él mismo y con los demás.

Hay pesos físicos y materiales que impiden que las personas en el mundo mayoritario (países que no se consideran países del primer mundo) y partes de los Estados Unidos se conviertan en las personas que Dios ha creado para ser: pesos como la pobreza, la falta de alimentos y agua potable, la esclavitud, opresión y otras injusticias. Sin embargo, muchos estadounidenses están sufriendo un tipo diferente de pobreza que nos impide realizar la totalidad espiritual, relacional y mental. A través de las relaciones con aquellos a quienes servimos, podemos ayudar a eliminar los pesos y las cadenas de las vidas y corazones de los demás. Esto es lo que significa tener una relación recíproca. Nos necesitamos mutuamente para ayudar a aliviar la pobreza en nuestras propias vidas.

Las misiones a corto plazo se pueden hacer de una manera en que nos ministramos unos a otros. No de una manera consumista, salvadora compleja, sino de una manera de siervo recíproco y humilde que constantemente piensa en los demás antes que nosotros y honra la dignidad de todos.

Si somos honestos con nosotros mismos, muchos de nosotros vamos en viajes misioneros de corto plazo porque estamos buscando algo. Vamos a buscar descubrir lo que nos falta o lo que nos está frenando. De hecho, vamos buscando la salvación. Estamos buscando algo más para esta vida. Creemos que esto no puede ser todo lo que hay. Estamos buscando vivir una historia más grande que la que vivimos actualmente. Así que vamos porque, en el fondo, sabemos que lo necesitamos. La verdad es que podríamos necesitar aquellos a los que vamos a servir más de lo que ellos nos necesitan. Cuando entramos en una relación recíproca, experimentaremos la salvación que podemos ofrecernos unos a otros.

Una visión para las misiones recíprocas

Uno de los pasajes a menudo pasados por alto en las Escrituras es Juan 13: 34-35. Jesús estaba con sus discípulos en el aposento alto antes de ser traicionado por Judas y entregado a los fariseos. Durante su discusión, y justo después de que Jesús predijera la traición de Pedro, Jesús dijo: "Este mandamiento nuevo les doy: que se amen los unos a los otros". A primera vista, este no es un nuevo mandato. Hemos escuchado esto antes.

En Mateo, uno de los "expertos en la ley" probó a Jesús preguntándole cuál es el mandamiento más grande de la ley. Jesús respondió: "'Ama al Señor tu Dios con todo tu corazón, con todo tu ser y con toda tu mente' Este es el primero y el más importante de los mandamientos. El segundo se parece a este: 'Ama a tu prójimo como a ti mismo'" (Mateo 22: 37-39).

Estoy seguro de que todos hemos escuchado estos versos en Mateo y Juan. Pero si tuviéramos que profundizar un poco más, descubriremos que lo que Jesús estaba ordenando a sus discípulos que hicieran en el aposento alto lleva a otro nivel.

Primero, Jesús dijo que debemos "amarnos unos a otros". "Uno al otro" en griego es una palabra, alélico: es un pronombre recíproco. Un pronombre recíproco se usa cuando dos o más personas están llevando a cabo o han llevado a cabo una acción similar con beneficio mutuo o consecuencia.

Aquí es cómo he experimentado esto en mi vida: Hace unos años asistí una reunión de Cross country (Corredores de larga distancia)de dos de los estudiantes de mi grupo de jóvenes. Encontré un lugar donde no había otros espectadores para que pudieran escucharme mientras corrían: "¡Buen trabajo! ¡Sigue adelante! ¡Lo estás haciendo genial! ¡Relaja tus brazos! ¡Atrapa a la persona en frente de ti!" Más tarde, esa misma primavera, los mismos estudiantes organizaron una carrera en carretera de 5 km para recaudar fondos y concienciar a la esclavitud moderna en la industria cosmética. Me inscribí para correr, y aunque siempre he sido un corredor competitivo, no había entrenado en más de 5 meses. Quería rendirme. Cuando estaba doblando la curva en la que planeaba rendirme y caminar, estaban las dos chicas que había aplaudido durante su carrera de Cross country(Corredores de larga distancia): "¡No se detenga ahora! ¡Siga adelante! ¡Si se puede! ¡Ya casi ha llegado! ¡Atrapa a la persona frente a usted! "Con su ánimo, terminé.

Al animarnos mutuamente durante nuestras carreras, todos disfrutamos de los beneficios y la alegría de terminar. Mostramos amor a "unos a otros". Recibimos beneficios mutuos por nuestro acto de cuidado y amor mutuo durante la carrera.

Cuando entramos en nuestros viajes misioneros a corto plazo, debemos de considerar estas experiencias como una relación recíproca. Nuestra relación debe de beneficiarse mutuamente, y depende de nosotros, los asistentes al viaje, hacer el trabajo duro de asegurarnos de que estamos ayudando a facilitar una relación recíproca.

Es interesante que Pablo, el gran misionero del Nuevo Testamento, mencionó la importancia de una relación recíproca cuando Romanos: "Tengo muchos deseos de verlos para impartirles algún don espiritual que los fortalezca; mejor dicho, *para que unos a otros nos animemos con la fe que compartimos*" (Romanos 1: 11-12, énfasis mío).Esto es lo que debemos de esperar y anhelar para nuestros viajes misioneros a corto plazo: que podamos animarnos unos a otros en nuestra fe, nuestro viaje hacia Jesús, eliminando los pesos de los demás, aflojándonos las cadenas, convirtiéndonos en todo lo que Dios nos ha creado para ser.

Pero en Juan 13: 34-35, Jesús no se detuvo solo con "amarnos unos a otros". Nos dijo cómo debemos de amar unos a otros. "Este mandamiento nuevo les doy: que se amen los unos a los otros. *Así como yo los he amado*" (énfasis mío).

El amor que Jesús mostró, no solo a sus discípulos sino al mundo, fue un amor de sacrifico, poniendo otros primero, que iba más allá de cómo me amo a mí mismo. Como sabemos, Jesús fue a la cruz por nosotros. Él dio su vida para que pudiéramos tener vida.

Dar sacrificios en un viaje misionero a corto plazo puede aparecer diferente a solo sacrificar una semana de vacaciones o estar lejos de la familia. Sacrificar en un viaje misionero a corto plazo puede aparecer a renunciar a su agenda para la agenda de la comunidad anfitriona. El sacrificio puede aparecer a no esforzar tu manera de hacer el ministerio en la iglesia local. El sacrificio puede aparecerse a someter su liderazgo al liderazgo del ministerio al que usted está sirviendo en su viaje. Sacrificar puede aparecer que no está haciendo la EBV (Escuela Bíblica Vacacional) que había planeado hacer. Sacrificar en un viaje misionero a corto plazo parece ceder tus necesidades, deseos y agenda a las necesidades, deseos y agenda de la comunidad anfitriona.

No solo el equipo de viaje misionero a corto plazo se está sacrificando, sino también nuestros anfitriones. Cuando nuestros equipos misioneros a corto plazo vienen en estos viajes para trabajar con orfanatorios, clínicas médicas, iglesias y otros ministerios, debemos entender que triplicamos su carga de trabajo. Lo sorprendente es que estos anfitriones del ministerio están dispuestos a hacer el trabajo adicional sin quejarse para que podamos venir. Ellos no solo están sirviéndonos, satisfaciendo nuestras necesidades básicas de comida, refugio, estableciendo proyectos de trabajo para nosotros y satisfaciendo nuestras otras necesidades, sino que también están administrando sus ministerios al mismo tiempo. No detienen lo que están haciendo mientras satisfacen nuestras necesidades. ¡Su hospitalidad es increíble! Puede que no nos demos cuenta, pero se han estado preparando para recibirnos durante casi todo el tiempo que nos hemos estado preparando para venir.

En Filipenses 2, Pablo nos urge a tener la misma actitud y mentalidad que Cristo. Vivamos y actuemos de esta manera mientras viajamos en nuestros viajes misioneros a corto plazo, construimos relaciones recíprocas y vivimos sacrificados el uno por el otro.

Abrazándose el uno al otro

Mientras servimos juntos, el que asista el viaje misionero y el anfitrión del viaje misionero, no hay nosotros ni ellos. Solo hay nosotros. Ambos estamos sufriendo los efectos del dolor y el quebrantamiento de este mundo. Ambos tenemos la necesidad de salvación. Ambos tenemos necesidad de lo que cada uno tiene que ofrecer para ayudarnos a reconciliarnos con Dios, con los demás y con este mundo.Si los que participamos en viajes misioneros de corto plazo, nos bajamos del pedestal y nos posicionamos como aprendices y siervos, y si los que organizan los grupos se posicionan como no solo que son receptores, sino que son ministros del Evangelio para los que vienen, podremos quitar los pesos y las cadenas de las vidas de los demás para que podamos convertirnos en lo que Dios nos ha creado para que seamos. A través de relaciones recíprocas podemos unirnos a Dios para traer esperanza y sanación a nuestro mundo quebrantado.

El grano de arena de DJ

Todos tenemos algo que compartir; todos tenemos algo que dar. Es importante que salgamos e interactuemos con otros y que compartamos con unos a otros. Esto suena básico, pero es fácil sentirnos cómodos en nuestro propio círculo, en nuestra propia iglesia, y no buscar la interacción externa.

Bíblicamente, es claro que somos un solo cuerpo. Puede que tengamos partes diferentes, pero todos somos vitales y todos tenemos algo que traer a la fiesta. Siempre me pareció interesante que cuando Jesús compartió la oración del "Padre Nuestro" con sus apóstoles, fue una oración colectiva. No hay un solo pronombre personal en la oración, pero las palabras "nosotros" y "nuestro" se usa una y otra vez. Es obvio en El Evangelio que somos una sola familia y necesitamos interactuar así.

Como uno que organiza una gran cantidad de equipos mientras dirige un ministerio grande en México, puedo apreciar plenamente la necesidad de relaciones recíprocas sanas. Cuando las misiones a corto plazo se realizan correctamente, todos ganan, todos comparten y todos se van bendecidos a través de la experiencia. Al vivir el ejemplo de la comunidad bíblica, nuestras vidas han sido cambiadas para mejor.

Sí, los equipos traen recursos y labor, pero también vienen con sus propias heridas, necesidades y un deseo de más de Dios, ya sea que se den cuenta o no. Como anfitriones, tenemos mucho que ofrecer a los equipos visitantes en la forma de educación, orientación y ayuda para que experimenten a Dios de una manera que solo han podido soñar.

CAPITULO 3

Solución de problemas de misiones a corto plazo

Phil

Hace unos años participé en un retiro de aprendizaje de fin de semana con otros pastores de jóvenes, líderes de ministerios y voluntarios de la iglesia. Estábamos explorando temas a lo largo de la frontera entre México y los Estados Unidos. La primera noche del retiro estábamos sentados alrededor de una mesa de conferencias, y el facilitador nos pidió que nos presentáramos y que explicáramos que hacemos en nuestras respectivas iglesias y ministerios.La primera persona se presentó como alguien que había sido delegado para dirigir el viaje misionero de su iglesia a México. Se lamentó de que no le gustaban los viajes misioneros a corto plazo y que su objetivo era "matar a la vaca sagrada". La siguiente persona estaba de acuerdo con la idea de odiar las misiones a corto plazo y dijo que era su objetivo terminar estos viajes en su iglesia. La conversación continuó en forma de bola de nieve mientras la gente daba razón tras razón por la cual las misiones a corto plazo no funcionaban.

Luego fue mi turno. Me senté allí nervioso, sin saber exactamente qué decir ni cómo decirlo. Pensé en tomar la salida fácil y decir que era un Pastor de Alcance en una iglesia en California o que estaba en el proceso de obtener mi maestría en justicia social. Ambos eran ciertos, pero esa no es toda la historia. ¿Qué puede decir uno cuando todos en la sala están criticando lo mismo que te apasiona?

Adentro, estuve de acuerdo con todo lo que decían y sobre por qué deberían terminar las misiones a corto plazo. Sus palabras tenían verdad y mérito. Pero también sabía que el enfoque de la iglesia estadounidense en las misiones a corto plazo es anticuado e ineficaz y, a veces, peligrosamente perjudicial. Sin embargo, sé que la solución no es tirar al bebé con el agua del baño.

"Hola, me llamo Phil Steiner y soy el director de una organización llamada Be2Live. Llevamos viajes de aprendizaje y servicio a corto plazo a México y Ghana".

Ya que nadie sabía qué decir, un silencio incómodo cayó sobre la habitación. Nadie se movió. La gente desvió el contacto visual de mí.

Continué: "Estamos trabajando en la revisión de viajes misioneros a corto plazo para que sean significativos y mutuamente beneficiosos. Creo que hay una manera de hacer las misiones a corto plazo bien, y necesitamos encontrar una nueva forma de avanzar".

Aunque hay muchos que piden que se cancelen los viajes misioneros de corto plazo, no es probable que se cancelen, ni creo que deban hacerlo. Pero lo que dijeron los demás en el retiro es cierto: muchos errores han perjudicado a los ministerios, las culturas y las personas, por eso debemos de ser sabios al abordar nuestros viajes misioneros de corto plazo. Nuestra visión, motivación y ejecución deben de estar bien pensadas. Antes de avanzar en hacer las misiones a corto plazo bien, debemos ser honestos sobre el daño que se ha hecho a las comunidades en las que hemos servido. No queremos perpetuar el daño del pasado, especialmente en el nombre de Jesús.

Históricamente, el daño causado en los viajes misioneros de corto plazo se debe a que no nos hemos tomado el tiempo para pensar o entender lo que estamos haciendo y las ramificaciones de nuestro enfoque y nuestras acciones. No sabemos lo que no sabemos. Si entendiéramos lo que estaba sucediendo debajo de la superficie, cambiaríamos la forma en que lideramos las misiones a corto plazo. Debido a nuestra ignorancia, continuamos cometiendo los mismos errores una y otra vez. Cuando trabajamos en un entorno intercultural, debemos ser conscientes de los diferentes matices que están ocurriendo debajo de la superficie y pedir ayuda cuando los matices están más allá de nuestra comprensión. Si no es su primera cultura, esto tomará mucho tiempo de hacer preguntas y escuchar.

Anualmente habíamos estado enviando algunos equipos a México durante seis años cuando comenzamos a trabajar en un nuevo orfanatorio. La primera vez que nos reunimos con el director, él dijo que hiciéramos lo que Dios puso en nuestro corazón para hacer. Habíamos estado alrededor el tiempo suficiente para saber que esta es una respuesta peligrosa. También sabíamos que culturalmente los mexicanos no son tan directos como los estadounidenses. Cuanto más nos juntábamos en este orfanatorio, más veíamos los resultados de las personas haciendo lo que sentían que "Dios los guió a hacer" sin una dirección útil.Hubo una rampa para patinetas que se combó rápidamente y se convirtió en un peligro para la seguridad en una comunidad donde el acceso a la atención médica es limitado. El más deslumbrante fue un gran escenario hermoso en el centro de la propiedad. La madera expuesta aún no estaba pintada y un techo lo protegía de los elementos, sin embargo, el orfanatorio no lo había usado ni una sola vez en los dos años transcurridos desde que fue construido por un grupo estadounidense bienintencionado que hizo todo lo que sintieron que Dios los guió a hacer . Irónicamente, en el otro lado del orfanatorio había unas ruinas de un dormitorio de niños que había necesitado terminar durante los últimos cinco años. El dinero y la madera gastados en el escenario habrían podido casi terminar el dormitorio de los niños. Si los líderes del grupo de la misión se hubieran tomado el tiempo para sentarse, escuchar y comprender las necesidades del orfanatorio más allá de la primera respuesta del director, sus recursos podrían haber sido aprovechados.

Los siguientes son argumentos en contra de misiones a corto plazo y sugerencias para crear un nuevo camino hacia adelante.

Problema: los equipos de misiónes a corto plazo toman empleos locales

Los equipos misioneros a corto plazo no deberían hacer un trabajo que los trabajadores locales harían. Sí, estoy de acuerdo con esta declaración. Cuando traemos a nuestro equipo para construir una casa, un orfanatorio, un centro médico o una iglesia, es probable que el equipo esté quitando puestos de trabajo a los lugareños sin discapacidades. Deja que esto se hunda un poco. A pesar de que puede ser pintar una pared, verter concreto o construir una casa, es probable que haya gente en la comunidad a la que le encantaría recibir el salario mínimo por ese trabajo. ¿Por qué no incorporar los fondos de su proyecto para contratar a comerciantes locales para que trabajen junto con su grupo?

Pero aquí está el giro interesante. El mayor consumidor en los Estados Unidos es el adolescente estadounidense. El dinero gastado en restaurantes, tiendas de comestibles, alojamiento, suministros de construcción y recuerdos de los jóvenes equipos de misión a corto plazo en las comunidades locales es astronómico. Las misiones a corto plazo deberían y deben impulsar la economía general de las comunidades a las que servimos. Al planear viajes, sea intencional acerca de cómo puede comprar sus suministros, alimentos e invertir en la salud general de la economía local.

El mayor problema con este argumento se basa en la lógica financiera. Casi todas las organizaciones sin fines de lucro y ministerios que trabajan para satisfacer las necesidades reales y tangibles de las personas están trabajando con un presupuesto reducido. Si un ministerio pudiera permitirse contratar trabajadores locales para hacer sus proyectos de construcción, con gusto lo harían. Pero muchos no tienen los medios financieros para pagar los suministros del proyecto y el trabajo. No tienen los recursos para promover su visión para llegar a su comunidad, por eso dependen de los equipos de misiónes a corto plazo para ayudar a proveer los recursos necesarios.

Muchas personas luego responden: "Bueno, solo envíen dinero y no vayan en el viaje". Sí, es cierto que la mayoría de los ministerios prefieren que usted envíe dinero para ayudar a su organización. Pero a largo plazo, experimentar el ministerio conduce a más compromisos financieros a largo plazo. Si las personas pueden tocar, sentir y ver lo que está haciendo el ministerio para llegar a las personas al emprender el viaje y unirse a la visión, pueden establecer una conexión que lleve al apoyo mensual o futuros proyectos de recaudación de fondos.

Recientemente dirigimos una iglesia en un viaje de vacaciones de primavera a México. Trabajaron en uno de nuestros sitios asociados, una clínica médica que se estaba construyendo para satisfacer las necesidades físicas, emocionales y espirituales de la comunidad local. Esta comunidad no tenía acceso a ningún servicio de salud asequible ni siquiera para necesidades básicas, y aunque la clínica había estado operando desde dos cuartos pequeños en la iglesia local, había superado su espacio. Hace cuatro años pudieron comprar un terreno y comenzaron a construir una clínica médica, principalmente a través de equipos misioneros a corto plazo.

El pastor de esta iglesia se sintió conmovido por su visión y, sabiendo que la clínica estaba muy lejos de su objetivo financiero, fue a su casa y compartió las noticias del ministerio con una fundación local. Después de mucha oración y discusión, la fundación decidió financiar el resto del proyecto. Casi inmediatamente, la clínica médica contrató más trabajadores locales para ayudar a completar la clínica.

Se pueden desarrollar relaciones que son más grandes que su semana. Aproveche sus redes conectando los corazones y las pasiones de la gente con la visión y la misión de los ministerios a los que usted sirve. Todo es por el Reino. Los estadounidenses pueden ver posibilidades inspiradoras de esperanza y los ministerios pueden obtener el apoyo que necesitan para generar cambios en las comunidades locales. Esto no se limita a los grandes donantes. Muchos de los estudiantes y adultos que hemos llevado en nuestro viaje misionero a corto plazo ahora apoyan mensualmente a los niños en las comunidades a las que sirvieron. Sin el viaje, no estarían enviando dinero mensualmente para apoyar a estos ministerios ni abogar por ellos en casa. Una relación recíproca tiene beneficios a largo plazo para todos los involucrados.

Problema: los equipos de misiónes a corto plazo se desmotivan la comunidad local

Algunas comunidades reciben cientos de participantes estadounidenses en misiones a corto plazo cada año. Estos equipos misioneros a corto plazo construyen casas y proveen ropa, alimentos y otros suministros. Debido al puro volumen de equipos visitantes, esto puede crear una dependencia poco saludable de las personas de la comunidad en los equipos misioneros a corto plazo. Se convierte en un sentimiento entre la comunidad: "Los estadounidenses se ocuparán de ello". Puede haber una expectativa de que los estadounidenses resolverán sus problemas y satisfarán sus necesidades. Como resultado de esta dependencia, la apatía, la pereza e incluso la ira pueden convertirse en un problema para las personas que viven en la comunidad anfitriona.

Recientemente cenamos con una familia mexicana que vive en una comunidad que recibe muchos grupos misioneros a corto plazo. Esta pareja trabaja en una escuela local y una guardería en la comunidad. Describieron cómo querían motivar a los estudiantes de su comunidad para trabajar y servir a los demás, pero ha sido una lucha.

Les pregunté: "¿Creen que con todos los grupos de jóvenes y los equipos misioneros a corto plazo que vienen a la comunidad para servir y trabajar, tienen la mentalidad de que los estadounidenses harán el trabajo y eso crea pereza en los estudiantes mexicanos"?

Sin dudarlo dijeron, "sí".

Si somos conscientes de esta posibilidad de dependencia no saludable, podemos abordar mejor cómo facilitar menos daños a la comunidad. Una vez más, aquí es donde una inversión a largo plazo en una relación es tan importante. Cuando se asocia con organizaciones locales que entienden los matices de la comunidad, la relación puede abordar mejor la dependencia. Una relación recíproca no teme las conversaciones difíciles como esta porque queremos lo mejor para todos los involucrados, incluyendo aquellos que no están directamente afectados por la presencia de un grupo en la comunidad. Una relación como esta requiere tiempo pero genera confianza y permite conversaciones vulnerables sobre el efecto que un grupo tiene en la comunidad, positiva y negativamente, y la flexibilidad para cambiar el enfoque para que todos se beneficien.

¿De qué sirve si hacemos bien durante una semana pero nada cambia cuando nos vamos? Cuando nosotros en Be2Live facilitamos nuestros viajes, si todavía no hay trabajadores locales en nuestro proyecto, planificamos una parte del costo de nuestro proyecto para pagar a los trabajadores locales para que trabajen con nosotros. Uno de nuestros valores es que queremos hacer proyectos con personas y no para ellos. Cuando hacemos proyectos para personas, podemos deshumanizarlos y hacer que se sientan como si ellos fueran el proyecto. Pero cuando nos asociamos con ellos y trabajamos juntos, damos honor y dignidad, y nuestras relaciones y comprensión crecen.

Aquí hay un ejemplo del daño que se produce al hacer un proyecto para alguien. Un equipo misionero a corto plazo quería construir una casa para una familia. La familia fue seleccionada por una organización que tenía una relación con la familia. Cuando el equipo llegó a trabajar en la nueva casa de esta familia, el padre y el hijo de la familia aparecieron al mismo tiempo y estaban listos para trabajar con el equipo estadounidense. Con buenas intenciones, el líder del equipo les dijo al padre y al hijo que "descansen" y que les permita hacer el trabajo. El primer día, el padre y el hijo se sentaron y ocasionalmente recogieron una pala para ayudar a mover la arena en cubetas para el concreto. Pero al padre y al hijo se les dijo rápidamente que dejaran que el grupo hiciera el trabajo. Eventualmente, el padre y el hijo se fueron y nunca regresaron. Cuando llegó el momento de la dedicación a la casa, la familia estaba allí, pero el padre y el hijo se quedaron en la parte de atrás y en silencio tomaron las llaves de la casa que construyó el grupo. El equipo misionero a corto plazo estaba emocionado de haber construido esta casa para la familia, pero el padre y el hijo se sintieron avergonzados por toda la situación porque no fueron invitados al proyecto para mantener a su familia.

La diferencia entre para y con no es algo que siempre he entendido. Hace tres años quisimos apoyar a una de nuestras organizaciones asociadas en Navidad. Nos pidieron que les proporcionáramos regalos de Navidad para sus voluntarios que trabajan con familias que viven en el viejo basurero de Tijuana. Los voluntarios del ministerio también viven en el basurero. Nos dijeron que lleváramos bolsas de regalo para cada miembro de las familias. Nos dieron nombres, sexo y tallas de ropa de cada persona. Compartimos la palabra con nuestra iglesia, y el dar fue abrumador. Llegó el día de la fiesta de Navidad. Colocamos los regalos debajo del árbol. Todos estaban entusiasmados con la comida y la comunidad. Hubo un zumbido en el aire. Fue divertido ver a las personas con las que habíamos trabajado en nuestros viajes. El director nos pidió que repartiéramos los regalos a los voluntarios y sus familias. Cuando nuestro personal repartió los regalos, sentimos una súbita incomodidad. Nuestro corazón fue celebrar y apoyar a estas personas que nos recibieron en su comunidad y que sirvieron entregadamente todos los días. Pero este acto se sintió como los "que tienen" regalando cosas a "los que no tienen" y nos entristeció ser los que entregaban regalos a los niños mientras sus padres miraban, sabiendo que era algo que nunca podrían proporcionar. Salimos de esa fiesta dándonos cuenta de que teníamos que hacerlo de manera diferente para el siguiente año.

El año siguiente fuimos más intencionales para celebrar de una manera que fortaleció a la comunidad y a las familias individuales. Todavía recolectamos regalos para niños y adultos de nuestra iglesia y comunidad en los Estados Unidos: ropa nueva, zapatos, herramienta, maquillaje y otros artículos necesarios y divertidos. El día de la fiesta, creamos una tienda navideña para que los padres seleccionaran regalos para sus hijos y los niños a elegir para sus padres. La anticipación de las compras para su familia fue contagiosa, al igual que el cuidado que los niños tomaron para elegir el regalo perfecto para sus padres. Los voluntarios envolvieron los regalos y las familias se llevaron los regalos a casa para su propia celebración. Claro, es divertido quedar atrapado en el espíritu de la fiesta, y no había ninguna foto de niños lindos abriendo juguetes nuevos y brillantes para devolverlos como agradecimiento a las iglesias que donaron, pero esto no se trató de nosotros. El hecho de que estas personas fueran honradas por su trabajo y sus familias pudieran compartir un día especial de Navidad en la tranquilidad de sus pequeños hogares fue una victoria para nosotros. El director del ministerio dijo que la retroalimentación fue significativa. Este enfoque mostró a los voluntarios que valoramos su contribución y valoramos su derecho a elegir para sus familias. Todos nos sentimos amados y honrados porque hicimos la Navidad juntos.

Cada viaje se puede transformar trabajando *con* locales en lugar de *para* ellos. Cuando usted esté en un sitio de trabajo, solicite a la organización local con la que está trabajando que use parte del dinero de su proyecto para pagar a los trabajadores locales para que lo acompañen. Si está trabajando con una familia, como construir una casa o proporcionar regalos de Navidad, siempre invite a la familia a unirse a usted. Esto es particularmente poderoso para los padres e hijos, quienes sienten la responsabilidad de mantener a sus familias. Al hacer algo por una familia, usted se complace con la alegría de un padre y le causa vergüenza por su incapacidad para ayudar. Pero cuando él toma parte del proceso, está capacitado para mantener a su familia y recibe la alegría que conlleva.Asociarse de esta manera también brinda la oportunidad a los equipos visitantes de conocer a las personas locales y ser enriquecerse por sus perspectivas e historias de vida.

Las personas locales que conocemos en nuestros viajes misioneros a corto plazo tienen historias sobre Dios que nos asombrarán. Tienen una visión y un entendimiento de la fe y la vida que nos darán nuevos ojos para ver a Jesús, Dios y las Escrituras. Muchos han arriesgado más de lo que probablemente lo haremos y han experimentado Dios de maneras que solo podemos imaginarnos. Estas personas y sus historias serán lo que nuestro grupo recuerda mucho después de que termine el viaje.

He aprendido mucho de una mujer mexicana chaparrita que vive en el viejo basurero de Tijuana. Escuchando su historia, las dificultades que ella ha superado, y observando cómo sirve y ama a su comunidad, he sido testigo de su fe en Jesús y su confianza en Él todos los días. Ella me ha desafiado mi caminar y me ha ayudado a entender a Jesús de una manera diferente. A través de vivir su fe, esta mujer me ha enseñado a confiar más en Jesús.

Un líder de un ministerio con el que trabajamos abandonó su cómoda vida de retiro para vivir con algunos de los más pobres de los pobres. Su ejemplo me ha enseñado lo que significa "encontrar su vida" (Mateo 10:39).

Un mexicano que tiene todas las razones para estar enojado y amargado con Dios por su infancia de huérfano y niño de la calle me desafía a amar a Jesús ya los demás de manera tangible. Él y su familia han abierto su hogar para criar a otros huérfanos. He sido testigo de cómo él ama a los hombres que trabajan para él, siempre teniendo el tiempo para escuchar y preocuparse por ellos más como individuos que como trabajadores. Él me ha enseñado a amar los demás entregadamente

Las personas que conocemos en otros países pueden ayudarnos a recordar lo que realmente importa y enseñarnos nuevas verdades acerca de cómo podemos vivir y actuar en nuestra parte del mundo, y necesitamos desesperadamente escucharlos y seguir su ejemplo para ser el La iglesia que Dios nos ha llamado a ser. Cuando encontremos estas voces, debemos apreciarlas como amigos a largo plazo en un viaje de por vida.

Problema: los viajes misioneros a corto plazo solo se trata del equipo visitante

Para muchas iglesias y ministerios que realizan viajes a corto plazo, el enfoque es principalmente, y en ocasiones solo, en el equipo misionero. Los participantes han pagado dinero para ir a un viaje, y estas son las familias que dan dinero a la iglesia para que usted pueda tener un programa dinámico. Como la mayoría de las situaciones que involucran dinero, el enfoque está en el consumidor. Hay expectativas del líder del viaje acerca de cómo el viaje de la misión debe impactar las vidas de los participantes. Como resultado, nuestro enfoque puede convertirse tanto en nuestro grupo que terminamos haciendo demandas, envueltas en solicitudes, de la comunidad u organización anfitriona, sin considerar el impacto que tiene en la comunidad anfitriona o la iglesia indígena.

Una gran organización quería asociarse con un ministerio local en su viaje de misión a corto plazo haciendo un trabajo duro para ayudar al ministerio a ahorrar en los costos de construcción. También querían un tiempo de relación con la gente de la comunidad, y como su equipo estaba formado principalmente por estudiantes de preparatoria, querían que ese momento fuera un campamento de fútbol. Ambos en sí mismos pueden ser grandes ideas. Pero el enfoque del ministerio tiene poco que ver con los niños y nada que ver con el fútbol. Pedir mucho a una organización que está en el proceso de construir un edificio necesario y al mismo tiempo cumplir con las necesidades físicas reales de las personas de la comunidad para implementar otro programa que está fuera de su alcance de ministerio.

Inicialmente, los líderes del ministerio local dijeron: "No, no tenemos el tiempo ni los recursos". Sin embargo, debido a la presión continua y al no querer poner en peligro la relación, el ministerio local cedió y dedicó horas adicionales a preparar y enviar personal para facilitar y traducir para el grupo para que pudieron satisfacer su "necesidad" de tiempo relacional en su viaje de misión.

La mayoría de los equipos misioneros a corto plazo desean tener un tiempo de relación con las personas a las que sirven. Como usted puede ver, somos grandes defensores de las relaciones. Para hacerlo bien, busque una organización o ministerio que ya esté trabajando en la comunidad. Cuando esté organizando su viaje, exprese su deseo de tener un buen tiempo de relación con las personas de la comunidad, pero no exija ni dicte cómo se formarán o desarrollarán estas relaciones. Permita que el ministerio u organización de hospedaje le brinde formas para que usted interactúe, lo que también es beneficioso para ellos. Incluso en un viaje centrado en un proyecto, simplemente se tiene que ser consciente: ¿Quién está trabajando con usted? ¿Quiénes son las personas a su alrededor con las que puede iniciar una conversación mientras trabaja o mientras come?

Hay innumerables historias de iglesias y otras organizaciones ministeriales que ejercen una presión innecesaria sobre las comunidades locales, organizaciones e iglesias para proveer necesidades particulares a sus participantes que están fuera del alcance del trabajo de la organización anfitriona. Este tipo de solicitud hace mucho daño, y tiene un efecto dominó en la comunidad y en otros ministerios. Necesitamos entender que cuando nuestro equipo misionero a corto plazo visita un ministerio local, estamos aumentando su carga de trabajo. Ellos no detienen su ministerio en la comunidad para cuidarnos; humildemente nos suman a una carga de trabajo ya abrumadora.

En este enfoque egocéntrico, estamos utilizando a los pobres en beneficio de nuestros congregantes y participantes. Déjame decirlo de nuevo. Si nuestra principal y única preocupación es lo que nuestro equipo misionero va a sacar del viaje, entonces estamos utilizando a los pobres para nuestro beneficio. Este enfoque no solo es erróneo, sino también pecaminoso. Dios es bastante claro acerca de cómo debemos de tratar a los pobres.

"Oprimir al pobre para enriquecerse, y hacerle regalos al rico, ¡buena manera de empobrecerse"! (Proverbios 22:16)

"No explotes al pobre porque es pobre, ni oprimas en los tribunales a los necesitados; porque el Señor defenderá su causa, y despojará a quienes los despojen". (Proverbios 22:22-23)

En las relaciones recíprocas, los grupos visitantes son conscientes de lo que nuestras demandas y solicitudes hacen a la comunidad local y los ministerios con los que trabajamos en nuestros viajes. En una relación recíproca, hay un diálogo abierto y honesto donde los anfitriones pueden sentir la libertad de decir "No", sabiendo que su respuesta será respetada y honrada. Mientras que al mismo tiempo, el anfitrión puede ayudarlo a lograr su objetivo, pero de una manera diferente. Ambas partes son aprendices, líderes, receptores y donantes. Todos nos honramos mutuamente para que podamos crecer y prosperar juntos.

Problema: las misiones a corto plazo tienen poco impacto a largo plazo en quienes van

Otro argumento en contra de las misiones a corto plazo es que tiene poco o ningún impacto en quienes viajan. El argumento afirma que dentro de uno a tres meses después de que los participantes regresen de un viaje misionero a corto plazo, hay poca o ninguna evidencia de un cambio en la vidaEl viaje misionero "alto" se desvanece., y las personas se olvidan de lo que se comprometieron a cambiar en sus vidas y regresan a la vida que vivían antes del viaje. Hay verdad en este argumento. Es difícil mantener todo lo que uno aprendió y el compromiso de vivir de manera diferente cuando regrese a la vida en casa. El tsunami de una cultura consumista, yo primero, competitiva es difícil de enfrentar. ¿Pero es esta una buena razón para no ir en un viaje misionero a corto plazo? Estoy seguro de que usted adivinaría que mi respuesta es, ¡NO!

Aunque algunos estudios muestran que los viajes misioneros a corto plazo influyen poco en la vida de muchas personas en casa, hay muchos que cambiarán para siempre. No he conocido a un misionero a largo plazo que no haya ido primero a un viaje misionero a corto plazo y no haya escuchado el llamado de Dios en su vida. Los estudiantes que han ido a nuestros viajes comenzaron a organizar clubes de servicio en sus escuelas, comenzaron a servir en un hogar de ancianos y se involucraron más en el servicio a su comunidad. Otros han cambiado su trayectoria profesional y escolar debido a su experiencia en un viaje misionero a corto plazo: Un estudiante ha decidido convertirse en psicólogo para trabajar con niñas que están esclavizadas en la industria del tráfico sexual. Otra es especializarse en relaciones internacionales porque ella quiere involucrarse en la crisis de refugiados. Otros están trabajando para convertirse en médicos y enfermeras para que puedan servir en la mayoría de los países para satisfacer las necesidades físicas de las personas.

Estos estudiantes fueron en un viaje misionero a corto plazo para ofrecer su servicio y apoyo a los ministerios en otros países, y recibieron inspiración, ánimo y una perspectiva de la vida que no habrían recibido en ningún otro lugar. Muchos fueron al mismo lugar varias veces en los viajes. Hay algo que decir acerca de invertir en el mismo lugar varias veces durante varios años que crea un impacto duradero.

Una gran parte de la diferencia entre los resultados de los estudios sobre el impacto de las misiones a corto plazo y los resultados de la vida real que yo he visto se tiene que ver con el liderazgo de los viajes, facilitando y procesando el viaje misionero, y las relaciones desarrolladas dentro de la comunidad atendida. Esos factores pueden ayudar a superar el estrés inevitable de la vida que hace que el cambio sea tan difícil de mantener, especialmente para los adolescentes.

Con el enfoque adecuado y las habilidades perfeccionadas, los líderes de viajes pueden ayudar a que los viajes a corto plazo tengan un impacto a largo plazo. Cuando pasamos demasiado tiempo enfocándonos en el proyecto que queremos lograr, ya sea un edificio, un EBV (Escuela Bíblica Vacacional) o evangelismo, vemos fácilmente a las personas y los ministerios con los que trabajamos como proyectos o problemas que resolver en lugar de personas con quien establecer relaciones, escuchar y aprender de. Cuando priorizamos la relación con aquellos a quienes servimos en nuestros proyectos o eventos, ocurre un impacto a largo plazo. Las historias son poderosas. Las relaciones son poderosas. Cuando nos sentamos y escuchamos las historias de las personas y lo que Dios está haciendo en sus vidas, Dios se vuelve más real, y comenzamos a pedirle a Dios que sea tan grande en nuestra vida en casa o preguntamos: "Dios, ¿cómo puedes volver a usarme en casa para servir y amar a mis vecinos"? Quedarse atrapado en la trampa de tener que terminar el proyecto o "salvar" a alguien significa que usted perderá a Dios en las personas que le rodean y que perderá las semillas de la fe que crecerán mucho después del viaje.

Fotos, historias y recordatorios pueden ayudar a nuestra gente a continuar en el camino hacia Jesús. Cuanto más recordemos, más tiempo permanecerá con nosotros. Y mientras que los líderes del viaje mantienen relaciones con la comunidad que visitó el equipo, podemos brindar actualizaciones y peticiones de oración de los ministerios y las personas que conocimos durante el viaje, recordándonos de las personas que conocimos, lo que aprendimos, lo que comprometimos y manteniendo el crecimiento de nuestra fe.

Superando las diferencias de Poder a través de las Relaciones

En la raíz de muchos de los problemas y complejidades de las misiones a corto plazo se encuentra la ineludible diferencia de poder entre los grupos visitantes y las comunidades en las que trabajan. Pero reconocer la diferencia e invertir en relaciones recíprocas puede hacer mucho para difundir el daño que podría causar la diferencia de poder.

Nos guste o no, cuando nosotros, como participantes en el viaje misionero estadounidense, nos adentramos en una comunidad necesitada, somos los que tenemos el poder. No importa la postura que tomemos, hay una diferencia automática de potencia. Debido a la percepción de Los Estados Unidos en todo el mundo, buena o mala, existe la expectativa de que tengamos dinero y recursos. Por lo tanto, las comunidades anfitrionas adoptan la postura de humildad, no queriendo ofendernos, muchas veces sometiendo su voluntad y agenda a la nuestra. Tenemos el respaldo financiero de una iglesia. Tenemos participantes con ingreso prescindible.

Tenemos el poder de hacer una diferencia significativa o hacer un daño increíble. Lo que hacemos con este poder es importante para Jesús, y Jesús proporcionó el ejemplo de cómo usar humildemente nuestro poder. Aquí es cómo Pablo describe a Cristo en Filipenses 2, con mis comentarios sobre seguir el ejemplo de Cristo:

No hagan nada por egoísmo o vanidad. *(¿Con qué frecuencia nuestros viajes misioneros a corto plazo se han tratado sobre nuestra ambición egoísta y centrada en la iglesia?)*

más bien, con humildad *(La humildad no es pensar menos en sí mismo; no es pensar en sí mismo en absoluto).*

Consideren a los demás como superiores a ustedes mismos.*(Pongamos a un lado nuestras preferencias por nuestra iglesia, grupo de jóvenes y participantes del viaje a un lado.)*

Cada uno debe velar no solo por sus propios intereses, sino también por los intereses de los demás.*(Esta es la parte recíproca. ¿Qué pasaría si tanto el grupo de viaje misionero como el anfitrión pasaran tiempo buscando los intereses del otro y encontraran la manera de hacer el trabajo juntos?)*

la actitud*(o mentalidad)* de ustedes debe ser como la de Cristo Jesús. *(La mentalidad es lo que sabemos que es verdad y vivirlo. Ser como Cristo, es vivir como Él lo hizo.)*

quien, siendo por naturaleza Dios, no consideró el ser igual a Dios como algo a qué aferrarse. *(¿Qué sucede si reescribimos esto por nosotros mismos? "Quienes, siendo un estadounidense, no consideraron su privilegio como algo estadounidense para ser usado en su propio beneficio".)*

Por el contrario, se rebajó voluntariamente, tomando la naturaleza de siervo y haciéndose semejante a los seres humanos.

Jesús, el Creador del universo, no consideró su privilegio como Dios como algo para ser usado en su propio beneficio. Jesús entró en nuestro mundo frío, oscuro y quebrantado y usó su poder para el beneficio de los que están en la parte inferior de la vida: los pobres, los desplazados, los marginados, los maltratados, y los oprimidos.

Jesús se humilló a sí mismo, y cuando alguien pidió ser sanado, nunca los rechazó. Él usó su poder para oponerse a la autoridad opresiva y religiosa de su época. Jesús vivió y caminó con los marginados de su día. Escuchó sus necesidades, su dolor y su dolor de corazón, y entendió lo que necesitaban. Jesús entregó su poder a los necesitados humillándose y liberándolos.

La iglesia estadounidense necesita humildad cuando entramos en viajes misioneros a corto plazo. Simplemente no podemos desarrollar relaciones recíprocas cuando un lado tiene poder al que no están dispuestos a renunciar. Cuando dejamos de lado nuestro poder para que otros puedan prosperar, podemos recibir de ellos las profundas ideas que tienen sobre su comunidad y su necesidad real.

¿Cómo nos humillamos y navegamos la diferencia de poder? Cuando nosotros en Be2Live comenzamos a desarrollar un nuevo socio en el ministerio, no hacemos nada significativo con el ministerio durante al menos el primer año. Por lo general, preparamos una comida y realizamos algunas tareas de mantenimiento en el lugar, cualquiera que sea la tarea pequeña, a menudo invisible, que ayuda a la organización y construye nuestra relación. Pero nuestro enfoque principal es la relación. Queremos conocer al director del orfanatorio, al pastor, al líder del ministerio, a los voluntarios y a la comunidad. Queremos escuchar sus historias y entender cuáles son sus verdaderas necesidades. No queremos hacer suposiciones, y queremos proveer un lugar seguro para que compartan donde les duele. Toma tiempo y, a veces, es un proceso doloroso, y no se ve glamoroso, pero vale la pena.

Con el tiempo y mediante la postura de humildad, podemos crear objetivos compartidos para nuestros grupos y la organización anfitriona. Hable con el anfitrión, averigüe qué se necesita y discuta cómo su equipo puede satisfacer mejor las necesidades de la comunidad. Sea abierto con sus esperanzas y esté dispuesto a adaptarlas a los comentarios y perspectivas del anfitrión. Espere tener que pedir más de una vez para obtener una imagen completa de sus verdaderas necesidades, según nuestra experiencia e investigación, pocos ministerios anfitriones tienen grupos que se preocupan más por la organización a la que sirven que por los resultados de su viaje. Mientras avanza, comunique los objetivos a todos los involucrados y mantenga los objetivos compartidos en el centro de cada parte del viaje.

Cuando seamos humildes y disponibles, no solo evitaremos generar un impacto negativo, sino que desarrollaremos relaciones recíprocas que tienen el potencial de cambiar vidas y comunidades a largo plazo. ¡Qué genial es eso!

El grano de Arena de DJ

Una gran parte del daño hecho en misiones a corto plazo puede resumirse en una falta de humildad. La batalla entre el orgullo y la humildad está en curso en todas nuestras vidas y es la base de todas nuestras luchas. Podemos pensar que somos humildes, pero la paradoja es que si pensamos que somos humildes, no lo somos. Esto será obvio para todos los que usted encuentre en su viaje de misión.

Ser verdaderamente consciente de sí mismo es increíblemente difícil. Es casi imposible entender realmente cómo nos perciben los que nos rodean y qué tipo de impacto estamos haciendo, ya sea de manera positiva o negativa. Es aún más difícil cuando estamos sirviendo en una cultura que es ajena a nosotros.

La necesidad de honestidad con usted mismo y los comentarios honestos de su anfitrión en el campo es fundamental. Es por eso que es crucial construir una relación continua en su país de destino. Sin un poco de historia y la confianza que se construye con una relación, la honestidad puede ser algo rara. La mayoría de los anfitriones nunca criticarían al equipo visitante por temor a ofender, pero solo cuando somos verdaderamente honestos entre nosotros, se crean relaciones recíprocas sanas. Necesitamos construir confianza entre el anfitrión y los líderes de equipo para que podamos ser verdaderamente honestos y transparentes entre nosotros. Necesitamos tener conversaciones intencionales con todos los involucrados, mostrando nuestros corazones y nuestro deseo verdadero de servirnos unos a otros. Con aportes honestos, recibidos de una manera humilde, la experiencia de su misión crecerá más profunda y será más impactante con el tiempo. Las misiones a corto plazo deben hacerse bien, y hacer las cosas bien requiere investigación, práctica y entrenamiento honesto a lo largo del tiempo.

CAPITULO 4

Salvar la iglesia en América

DJ

Las relaciones de las misiones deben ser recíprocas, una bendición para todos los involucrados. Pero hasta ahora, nos hemos centrado en gran medida en cómo los viajes pueden ser más beneficiosos para las comunidades atendidas. Este capítulo se trata sobre todo lo que hay para los equipos visitantes. La experiencia de los equipos es vital para las dificultades que la iglesia estadounidense está enfrentando.

Muy a menudo, los miembros del equipo misionero a corto plazo nos dicen en el campo: "Me voy con mucho más de lo que vine". Obviamente, no están hablando de riqueza material; se van con algo mucho más valioso. Los equipos se están yendo con una mayor visión del mundo y, aún más importante, una fe renovada y enérgica, que en muchos aspectos es más valiosa que cualquier habilidad, suministro o financiamiento que puedan haber traído a sus países de destino.

Los estadounidenses se enfrentan un número cada vez mayor de distracciones, y muchos en la iglesia incluso los consideran dioses falsos o ídolos, de los que no estoy seguro, pero los riesgos son reales. ¿Cuándo la iglesia es considerada como solo otra distracción, los deportes, la cacería, el ejercicio o las horas interminables en el internet toman el lugar de Dios? Todos queremos un ahorro, pero ¿cuándo nuestro deseo de seguridad financiera comienza a tomar el lugar de nuestro Dios? ¿Hoy cuántas personas envuelven su asistencia limitada a la iglesia en torno a los horarios deportivos de sus hijos? ¿Qué es lo que esto enseña a nuestros hijos sobre hacer de la iglesia y Dios una prioridad?

Hay más ídolos falsos hoy que nunca, y se están volviendo más poderosos a mientras claman por nuestra atención. Es común ver a las personas en sus teléfonos durante la iglesia para verificar las redes sociales. El mundo parece estar girando cada vez más rápido, y a medida que la tecnología aumenta, hay más y más demandas en las pocas horas preciosas que tenemos disponibles. ¿Cómo puede la iglesia competir con todos los intereses que compiten por nuestro tiempo, atención y participación? ¿Cómo podemos romper este sistema? La reacción predeterminada es hacer que la iglesia sea lo más "amigable" posible al agregar más cafés, gastar más en la adoración y remodelar el escenario para que sea lo más amigable posible con un estilo de Pinterest. Casi cualquier pasatiempo ahora puede estar bajo el manto de la iglesia si mantiene los intereses de las personas: "ministerios" de golf, tejer, surfear, o yoga, e incluso pubs de microelaboración de Iglesia.

La iglesia en América está en un estado triste. La asistencia está cayendo en picado, y los que sí lo hacen lo hacen como una experiencia cultural o una tradición familiar, no principalmente para buscar a Dios. A medida que los miembros mayores de la iglesia mueren, las personas más jóvenes no ocupan sus lugares Menos milenarios asisten la iglesia con regularidad que cualquier generación anterior, y el sistema de creencias de más rápido crecimiento en los Estados

Unidos hoy en día es el ateísmo.[8] Las iglesias han estado luchando contra la tendencia de los jóvenes que se van desde hace mucho tiempo. En generaciones pasadas, los jóvenes finalmente regresarían a la iglesia, pero la generación del milenio, al menos hasta ahora, parece menos propensa a regresar.

Curiosamente, una teoría de por qué la iglesia se está muriendo en Los Estados Unidos es que se ha vuelto demasiado fácil. No hay sacrificio ni compromiso verdadero requerido. Al menos que la gente se presente, todo está bien. No hay compromiso ni cambio de estilo de vida requerido. Hay un nivel de compromiso mucho más alto para unirse a un equipo de fútbol de una escuela preparatoria o una liga de fútbol juvenil. Dios nos recibe como somos con los brazos abiertos, pero luego él nos pide compromiso, sacrificio y nuestro trabajo para tomar más de su imagen. Hablé con un pastor de una iglesia grande en el sur de California, y él compartió que consideran a alguien un "miembro de la iglesia" si asisten una vez cada 6 semanas. Aparte de la asistencia y el diezmo medio regulares, ¿qué nos exige la iglesia en los Estados Unidos?

Al escribir este libro, aproveché la oportunidad para hablar con una gama amplia de misioneros y personas que albergan grupos misioneros de los Estados Unidos. Cubrimos un rango amplio de temas y preguntas, pero el tema unificador que encontré fue un desprecio general por la iglesia en América. Hubo un sentimiento general de que la gran mayoría de la iglesia en los Estados Unidos simplemente no lo entendió. La iglesia en América se preocupa por ser educada, bien organizada y bien vestida, mientras que las personas mueren a su alrededor, literal y espiritualmente. Mi objetivo no es ofender a las personas, sino ayudar a cada uno de nosotros a ver que se necesita un cambio para que la iglesia prospere.

Entonces, con esta perspectiva u opinión sombría de la iglesia local, ¿cuál es la respuesta? Es imposible competir con el mundo ocupado en el que vivimos; es una tontería que la iglesia lo intente.

---

[8] http://www.pewforum.org/2015/05/12/americas-changing-religious-landscape/

Puede ser útil ver en cual area del mundo la iglesia está prosperando y le está yendo bien. El Evangelio se está difundiendo en los países mayoritarios y en las zonas del mundo con mayor riesgo. En Cuba, China, en cualquier país donde la iglesia está bajo persecución verdadera, la iglesia prospera. Históricamente, la iglesia prospera en la persecución y el rechazo que recibe la iglesia en los Estados Unidos no es nada en comparación con la persecución en todo el mundo y a lo largo de la historia. En países donde las personas están luchando financieramente y viviendo en un nivel de pobreza que casi ni siquiera podemos imaginarnos, ellos saben lo que significa depender de Dios. En áreas donde las distracciones del mundo no son tan accesibles, las personas pueden pasar tiempo con Dios y realmente escuchar Su voluntad.

Entonces, ¿son la pobreza y la persecución la respuesta para la iglesia estadounidense? Todos crecemos de las pruebas, de las tormentas, de los ataques que vienen. Tal vez la iglesia en Los Estados Unidos lo ha tenido demasiado fácil durante demasiado tiempo y ahora está en un estado débil y moribundo. Cualquier ser vivo crece y prospera con desafíos saludables. Si algún ser vivo está sobrealimentado y se vuelve demasiado cómodo, la atrofia se establece y comienza a morir. Podríamos decir que la iglesia en América necesita más persecución o renunciar a su riqueza, pero al menos en el corto plazo eso no va a suceder (y es algo extraño esperar).

Y creo que las misiones a corto plazo pueden salvar la iglesia. Cuando las personas entran en contacto con la pobreza y la persecución que los demás enfrentan y ven cómo la fe se desarrolla ante las dificultades, ellas serán cambiadas. Y pueden traer ese cambio desesperadamente necesario a sus hogares e iglesias.

El modelo estándar para las misiones es: "Vamos a decirle a aquello grupo de personas sobre el Evangelio". Es posible que sea hora de que discutamos cómo voltear ese modelo a: "Vayamos allí y experimentemos el nivel de fe que nos hace difícil de encontrar en casa". Tal vez, solo tal vez, si salimos con la mente abierta, algo diferente podría suceder. Si salimos con la actitud de: "Sí, estamos aquí para servir, pero ¿qué puedo aprender de estas personas que están tan encendidas para Dios?" ¿Qué están haciendo las personas bien en otras partes del mundo que podemos traer a casa?

Mientras que el viajar se hizo más seguro, más rápido y más económico que nunca, se ha vuelto exponencialmente más fácil enviar equipos pequeños a casi cualquier parte del mundo en viajes a corto plazo. Y tal vez eso es justo lo que la iglesia necesita. A continuación se muestran 7 formas en que las misiones a corto plazo pueden ayudar a salvar la iglesia.

Pasando tiempo con Personas que Inspiran

Hace años, antes de las vacunas, si un niño tenía varicela, era común que las mamás de la área se reunieran con todos los niños para que pudieran infectarse entre sí (ya que es mucho mejor tener varicela cuando es un niño in vez de ser un adulto). La fe actúa de la misma manera: es fácil de contagiarse cuando usted está cerca de alguien que está infectado. (Y, al parecer, puede tener un efecto particular en los jóvenes). Podemos leer sobre eso, escuchar predicaciones, quizás incluso estar expuestos a él a través de la historia familiar o la tradición, pero hasta que salgamos con alguien que sea verdaderamente apasionado acerca de su fe, alguien que ha sido infectado por su experiencia con Jesús, es difícil para nuestra fe volverse real y personal para nosotros.

Supongo que si usted está leyendo este libro, es un creyente que ha llegado a una relación real con Jesucristo. Usted ha asegurado su salvación y ahora está viviendo para servirle donde Él le pueda llamar. Si usted es como la gran mayoría de los creyentes, primero se sintió atraído por la fe al pasar tiempo con alguien que estaba apasionado por su fe y su caminar con Jesús. Así es como las cosas se propagan, uno a uno y en relación. Incluso si vino al Señor en un gran concierto o alcance es probable que haya sido invitado por alguien que ya había experimentado la alegría de caminar con Jesús. ¿Puede la fe brotar espontáneamente cuando alguien está leyendo solo o simplemente pasando el tiempo contemplando al Señor? Absolutamente. Pero es mucho más probable que se propague por contacto con otro creyente.

Las relaciones nos cambian. Nos inspiran. Nos dan vida. Encienden nuestra fe y la ayudan a crecer. Necesitamos encontrar formas de encontrarnos con las personas que nos inspiran, que nos animan a alcanzar la grandeza en todo lo que intentamos. Necesitamos encontrar personas para darnos un ejemplo de fe en nuestras vidas.

Las misiones a corto plazo hacen posible este tipo de relaciones. En las misiones, las relaciones son todo. Tradicionalmente, un misionero se mudaba a un área y pasaba años construyendo relaciones en un intento de influir en las personas y compartir la fe. En un viaje misionero a corto plazo, por definición, las relaciones son más cortas, pero no tienen que terminar. Al regresar una y otra vez a las mismas personas y áreas a lo largo de los años, usted puede establecer relaciones a largo plazo que sean recíprocas y saludables. Con el advenimiento de las redes sociales, es más fácil mantenerse al día con los demás en todo el mundo, por lo que la influencia, en ambas direcciones, no tiene que terminar cuando se dirige a casa.

Hace unos años, yo formaba parte de un pequeño equipo que organizaba el plan de estudios para un programa de capacitación misionera de 30 días. Estábamos reuniendo temas, oradores y actividades para un grupo de más o menos quince estudiantes universitarios que se unieron a nosotros para el programa. Alguien en el equipo de planificación hizo un comentario que se quedó conmigo: "Los temas son importantes, pero lo que los estudiantes recordarán son las personas inspiradoras con las que pasan el tiempo".

Ciertamente, un maestro, un entrenador, un jefe, un amigo o un miembro de la familia pueden inspirarnos a ser una mejor versión de nosotros mismos, pero la experiencia dinámica de viajar en viajes misioneros a corto plazo parece crear esas oportunidades para inspirarnos por otros. Una vez que dejamos nuestro país de origen, es más fácil pasar tiempo con personas que enfrentan dificultades, que han experimentado un momento decisivo que les cambió la vida. Usted puede conocer a personas de otras culturas que viven en situaciones muy diferentes. Puede reunirse con misioneros, enfermeras, médicos, trabajadores deconstrucción y otras personas que han decidido dedicar un período de sus vidas a los más necesitados y más lastimados.

Quiero hablarle de Dave. En 2009, Dave fue solo otro hombre normal de mediana edad del norte de California. Él no tenía entrenamiento en el ministerio, y nunca había trabajado a tiempo completo con un ministerio; era solo un hombre promedio que se arriesgó en un viaje misionero a corto plazo. No creo que Dave estuviera esperando mucho cuando se inscribió. En el viaje, conoció a algunas personas en Baja California, México, que sirven a los más pobres de los pobres en la área del basurero en Tijuana. Seis meses después de su viaje misionero, se alejó de lo que tenía en los EE. UU. y encontró su nueva vida al servicio de los niños y las familias que viven en casas de cartón en Tijuana. Hoy este hombre brilla. El brilla con una alegría que pocas personas experimentan. Él nunca se queja, nunca pierde la esperanza y confía completamente en Dios. Él fue inspirado por Dios a través de su interacción con algunas personas que hacen grandes cosas, y ahora Dave es la inspiración para otros.

Me encanta enviar la gente a "ayudar" a Dave. Dave no necesita ninguna ayuda. Las personas que le envío son las que necesitan inspiración, quienes necesitan que les cambien la vida, que necesiten que sus mundos sean sacudidos. Necesitan lo que Dave tiene y la transformación que él experimentó.

Quiero señalar un par de cosas sobre el ejemplo de Dave que usted acaba de leer. Aunque Dave estaba activo en su iglesia local en California, tomó un viaje misionero a corto plazo para realmente incendiar su fe. Estaba rodeado de gente buena en casa, y obviamente Dios puede trabajar con alguien en cualquier parte, pero esa semana, cuando tuvo la oportunidad y salió del país para ver cómo Dios podía usarlo, cambió su vida de manera espectacular. No todos irán a las misiones a tiempo completo, pero algunos sí, y algunas vidas cambiarán de otra manera cuando regresen a casa.

Las personas inspiradoras se pueden encontrar en casi cualquier lugar, pero en mi experiencia limitada, son más fáciles de encontrar donde la vida es más difícil, donde la vida es más difícil de lo que normalmente experimentamos en los EE. UU. En Ghana, Perú y México, usted puede encontrar personas de una fe extrema, y tendemos a ser más receptivos a las relaciones cuando estamos lejos de donde estamos cómodos.

Entonces, ¿organizamos y planificamos viajes misioneros para poder encontrarnos con gigantes de la fe? No. Pero tenemos que darnos cuenta de que reunirse con personas inspiradoras es solo uno de los muchos beneficios de las misiones a corto plazo. Todos tenemos algo que ofrecer, y los equipos de los Estados Unidos traen talentos y recursos muy necesarios para la mayoría de los países a los que viajan. Realmente es una relación recíproca.

Dar la iglesia un Punto de Reunión

Las misiones a corto plazo benefician a la iglesia en su totalidad, no solo a través de las vidas transformadas de los individuos. Les dan a los grupos de creyentes una meta que pueden usar para motivarse a trabajar juntos. Todos necesitamos metas en nuestras vidas o podemos tender a estancarnos, donde solo estamos pasando por los movimientos en nuestro día a día. Es saludable, psicológica y emocionalmente, tener algo hacia lo que nos estamos moviendo, ya sea terminar nuestra carrera, ahorrar para comprar una casa o escribir un libro.

Cuando se hace bien, se prepara y apoya un viaje misionero a corto plazo puede impulsar a una iglesia a la acción. Aún más si construyen una relación sólida, saludable y continua con una misión o misionero. El acto del "remitente" es crítico; no solo se trata de financiación. La iglesia, o al menos un equipo de la iglesia, debe de demostrar que apoyan al equipo misionero con oración y apoyo emocional, y que están entusiasmados con lo que Dios ha establecido para ellos y las personas a las que viajan.

Hace varios años, uno de los muchachos mayores de nuestro orfanatorio se acercó a mí y me dijo que le molestaba su ojo. Hicimos una cita para que lo revisaran, pero adentro de 24 horas el perdió la vista en ese ojo. Mientras visitamos especialista tras otro especialista, determinaron que él tenía un tumor del tamaño de una pelota de golf que estaba creciendo y aplastando su nervio óptico. Mientras trabajábamos para llevarlo a un especialista en los EE. UU., sucedió algo poderoso. Nosotros operamos como una grande familia cristiana, y la oración es parte de nuestra vida diaria, pero este desafío realmente lo elevó una nivel o dos. Sin ningún entrenamiento de nuestra parte, nuestros hijos comenzaron una reunión de oración voluntaria al amanecer. Iglesias de todo México y los Estados Unidos comenzaron a orar por él y por la situación. Unos pocos milagros después, él tenía un pasaporte, una visa médica y una cita en los Estados Unidos con uno de los mejores neurocirujanos de California. El día anterior a la fecha programada de su partida, tuvimos un juego de fútbol aquí en el lugar con un grupo de adolescentes locales para despedirlo. Sin ningún aviso de nosotros, los equipos de fútbol (compuestos principalmente de no creyentes) formaron un círculo a su alrededor para orar por él. Después de varias cirugías, ahora él está bien, asiste a la universidad y trabaja como un mesero para ganar dinero.

Dios usó ese cáncer para crear un sentido increíble de unidad aquí en el hogar y llevó nuestro nivel de oración a nuevas alturas. Dios usó esta enfermedad para dar a nuestro hogar un punto de reunión, algo para que todos se centren y trabajen para resolver. Nos quitó la vista de nuestros propios problemas y los enfocó en algo más grande.

Es posible que usted haya experimentado un enfoque general y un punto de reunión en su propia iglesia. Puede ser un fondo de construcción que enfoca la conversación y los esfuerzos de todos. Las misiones, cuando se realizan de una manera saludable, pueden convertirse en un punto de reunión, algo en lo que todos quieren trabajar.

Muchas iglesias se han transformado por su participación en misiones a corto plazo. Hay una iglesia en el centro de Iowa que envía dos equipos de 60 personas a México cada año. Se ha convertido en un punto de reunión para la iglesia que cuando abren las suscripciones en línea, normalmente se agotan en 30 minutos y tienen que comenzar una lista de espera. Yo estaba hablando en una iglesia que trabaja con nosotros, y como una forma de presentación, el pastor pidió que todos los que hubieran estado en un viaje misionero se levantaran. De una iglesia de aproximadamente 400 personas, 300 de ellas han participado activamente en misiones a corto plazo. Conozco una iglesia de alrededor de 600 personas cerca de Seattle que ha sido muy fiel en el apoyo a sus viajes misioneros a corto plazo para los estudiantes de preparatoria. El equipo organiza una cena para recaudar fondos todos los años y aproximadamente dos tercios de la iglesia se presenta para cenar, donar a la causa y mostrar su apoyo.

No estoy diciendo si usted establezca una mesa de misiones en la entrada de su iglesia que, de repente, la gente vendrá corriendo para unirse, pero puede ser un punto de partida. Si un pastor principal está detrás de un proyecto misionero o, aún mejor, se compromete ir al viaje en los primeros años, puede comenzar a crear algunas conversaciones poderosas dentro de la iglesia.

Edificar la unidad de la iglesia

La unidad de la iglesia es sutilmente diferente a darle a la iglesia un punto de reunión. Edificar la unidad en el cuerpo de Cristo puede ser difícil en el mundo ocupado en que vivimos con todas sus distracciones. Los creyentes que se unen para apoyarse y fortalecerse mutuamente son fundamentales para nuestra fe.

Es difícil realmente conocer a alguien en un servicio típico de la mañana del domingo. Es un poco más fácil conocer a alguien si ustedes dos asisten a un estudio bíblico o a una clase juntos. Cuando usted está sirviendo junto a alguien, comienza a conocerlos y conocer su verdadero carácter. Si usted realmente quiere conocer a alguien, viaje con él, póngase en situaciones incómodas con él y socializa con los demás antes de tomar su café por la mañana. No hay mejor vinculación para un equipo de estudiantes de preparatoria, adultos jóvenes o adultos mayores que vivir juntos las 24 horas del día durante una o dos semanas. Construir una casa juntos, completar un proyecto de perforación de pozos o simplemente sentarse alrededor de una fogata hablando sobre los eventos que pasaron en el día permite que las personas realmente se conozcan entre sí.

Si el líder del viaje a corto plazo entiende esta dinámica, puede usar un viaje para crear recuerdos de unión que se unirán emocionalmente al equipo durante los próximos años. Simplemente sentándose alrededor de una mesa en las horas de la noche y lanzando las preguntas correctas para alentar al equipo a compartir, les da una oportunidad a los miembros del equipo para que se expresen sobre sus observaciones, sentimientos y reacciones a los diversos eventos del día. Les permite hablar sobre su reacción a la pobreza física; les permite hablar sobre las alegrías y los dolores que pudieron haber visto en las personas con las que estaban interactuando; les permite ser reales el uno con el otro. Todos sabemos que esto no sucede a esa profundidad muy a menudo en este mundo.

Enseñar la iglesia a servir

Yo cínicamente abrí este capítulo al referirme en general a la iglesia en los Estados Unidos como un deporte para espectadores. Sinceramente, espero estar equivocado en mis opiniones, porque nuestra fe es mucho más que solo lograr la salvación y pasar el resto de nuestras vidas escondido en un museo para cristianos. Estamos llamados a ser activos en nuestra fe, a ser una luz para el mundo, a ser usados por Dios para cambiar vidas. Deténgase aquí y pregúntese si la mayoría de las personas en su iglesia están verdaderamente enfocadas en representar Jesús bien o si están sirviendo activamente a los demás.

Uno de los muchos atributos de Cristo es el servicio. Jesús pasó la mayor parte de su tiempo enfocado en los que lo rodeaban. Pasaba su tiempo sanando, enseñando, animando, alimentando, bendiciendo cada vez que entraba en contacto con otros. Durante la última cena, la última noche que tuvo con los apóstoles, Jesús pudo haber enseñado sobre cualquier cosa. Escogió el lavado de pies, un ejemplo de servicio con un profundo simbolismo en esa época; eran los servidores más bajos que realizarían este acto para otros. Jesús se sintió que era significativo cerrar su entrenamiento con los apóstoles al darles este ejemplo profundo y poderoso de servicio.

Si nos llamamos seguidores de Cristo pero no estamos sirviendo de manera activa y humilde a los demás en nuestra vida diaria, somos hipócritas.

Si su iglesia tiene una cultura emocionante de servicio activa, ¡gloria a Dios! Si su iglesia presta atención a la importancia del servicio y de alcanzar a los demás, es posible que tenga algo de trabajo que hacer. Para que los cristianos estén sanos, tienen que estar sirviendo a los demás. No hay forma de evitar esto. Hay una necesidad de ser atendidos por todos los que nos rodean, pero también debemos estar sirviendo porque es emocionalmente saludable para nosotros, y debe ser una respuesta natural de dar gracias por nuestro increíble obsequio de salvación.

Aprendiendo a confiar en la protección de Dios

"¿No es peligroso México?" No puedo decirle cuántas veces he tenido que responder a esta pregunta en los últimos 20 años. Sinceramente, creo que esto es más una declaración sobre la iglesia en los Estados Unidos hoy que cualquier peligro percibido en México.

Demasiadas personas viven vidas envueltas en el temor de cosas que no suceden o que no importan. La cultura estadounidense alimenta y alienta el miedo: el miedo del otro partido político, de los terroristas, de personas de diferentes países o culturas. El miedo se ha convertido en el nuevo estilo estadounidense y es demasiado común en las iglesias. Evitar problemas gana sobre confiar en Dios casi en casi todas las áreas de vida.

Hace unos años recibí una llamada de un padre preocupado que estaba pensando en enviar su hija con el equipo misionero de su iglesia para que trabajara en nuestro orfanatorio en México. Después de hablar con él por un rato, me preguntó directamente: "¿Puede usted garantizar al 100% la seguridad de mi hija?" Creo que lo sorprendí con mi respuesta: "Absolutamente no". Le pregunté si el podía garantizar al 100% la seguridad de su hija cuando conducía a la escuela, fuera de compras o incluso en su casa. Casi no hay garantías al 100% en esta vida aparte del hecho de que todos moriremos eventualmente. Si viviéramos nuestras vidas buscando garantías al 100%, nunca haríamos nada. No es por eso que estamos en esta tierra.

¿En qué momento decidió la iglesia colectivamente que necesitamos seguridad completa en todo el tiempo? ¿Por qué tenemos tanto miedo? Jesús nunca enseñó que solo debemos ir y compartir el Evangelio si podemos garantizar nuestra seguridad, que solo debemos ayudar a los demás si no existe ningún riesgo. No estoy diciendo que deberíamos arriesgarnos innecesariamente, pero ¿de qué deberíamos estar dispuestos a correr el riesgo para poder compartir el Evangelio?

En 2014, mi esposa y yo teníamos planeado ir en un viaje con un equipo de 20 personas a Ghana en África Occidental. Teníamos nuestros boletos, teníamos nuestras visas, y unos 30 días antes de nuestra fecha de salida, el brote de ébola afectó África Occidental. Uno no podía recoger un periódico, prender la radio o mirar las noticias sin que le dijeran lo peligroso que era el ébola y cómo todos moriríamos. No fue el mejor momento para viajar a África Occidental. En el transcurso de unas semanas, la mayoría del equipo abandonó el viaje y, para ser honesto, nosotros lo pensamos también. Hicimos algunas llamadas a personas en el campo para obtener información precisa y tuvimos algunas conversaciones largas. Cualquier persona sensata hubiera cancelado (aunque nunca hemos sido agrupados con personas sanas). Decidimos irnos. El equipo eran solo cinco personas, y todos decían que estábamos locos. Pero África Occidental es un lugar grande, y donde servíamos estaba a más de 1,000 millas del caso más cercano del ébola. En ningún momento estuvimos en peligro, aparte de la malaria y los otros problemas normales de esa área. Tuvimos un viaje increíble, y creo que tuvimos un impacto real en el orfanatorio donde servíamos.

Mirando hacia atrás en nuestro viaje a Ghana, estoy inundado de emociones. Una de las emociones que tengo es el arrepentimiento de las muchas personas que, debido a la precaución, optaron por no ir. Se perdieron una experiencia que les hubiera cambiado la vida. Perdieron la oportunidad de compartir con otros y conectarse con los creyentes del otro lado del mundo. El enemigo, una vez más, usó el miedo para detener el ministerio. ¿Quién sabe cuál pudiera haber sido nuestro impacto?

"No tema" aparece mucho en la Biblia, pero "Necesita evitar el riesgo" no se menciona explícita o implícitamente. Si creemos que tenemos un Padre celestial todopoderoso y amoroso que solo quiere lo mejor para nosotros, ¿por qué tenemos tanto miedo? La iglesia necesita aprender a confiar en Dios, y la mejor manera de hacerlo es salir y practicar esta confianza, experimentar esta confianza, dejar que Dios le muestre que todo estará bien. Ayuda a su iglesia a arriesgarse. Vaya a perforar un pozo en Kenia, vaya a construir una casa en Baja, y su iglesia será mejor por eso.

Perdiendo el Excepcionalismo Estadounidense

Es fácil sentir que "los Estados Unidos sabe cómo hacerlo mejor". A pesar de esa actitud que nos bombardea, la evidencia es clara: los Estados Unidos no tiene todo resuelto y no puede resolver los problemas del mundo. Ir en un viaje misionero a corto plazo lo deja muy claro.

Hay muchas maneras de juzgar un país. Soy estadounidense y estoy orgulloso de ser estadounidense, pero también entiendo que los Estados Unidos no tiene todas las respuestas. En muchas áreas básicas clasificamos en la lista a nivel mundial: tasa de mortalidad infantil, discrepancias de ingresos, educación en matemáticas y ciencias, salud, etc. Casi la única área en la que calificamos sistemáticamente entre las tres principales a nivel mundial es la obesidad.

En nuestra vida cotidiana, si asistimos a la misma iglesia, vamos al mismo trabajo, pasamos el rato con más o menos las mismas personas, incluso visitamos los mismos sitios web todos los días, es fácil vivir en nuestra propia pequeña burbuja. Si solo pasamos tiempo con personas que se ven, piensan y actúan como nosotros, es muy difícil tener una visión completa de la humanidad. Incluso si leemos o vemos regularmente noticias internacionales, lo que se muestra en cualquier medio de comunicación con frecuencia está sesgado en una u otra dirección. Hasta que salgamos y conozcamos a personas en otras áreas, caminemos por las calles de una ciudad extranjera, veamos las noticias sobre América desde un país diferente, puede ser difícil entender realmente el mundo más grande y cómo interactúa y funciona.

Pasar tiempo con el cuerpo de Cristo

Hemos cubierto muchas maneras en que las misiones a corto plazo podrían impactar la iglesia en los Estados Unidos. Creo que hemos guardado el punto más importante para el final. Las misiones a corto plazo nos permiten pasar tiempo con iglesias que están en llamas, que están pasando por un avivamiento, iglesias que están apasionadamente enamoradas de Jesús.

En todo el mundo, Dios está haciendo un trabajo increíble a través de iglesias económicamente pobres, perseguidas y con poco personal. Estar de pie en una iglesia en el centro de Ghana, usted puede experimentar un nivel de adoración real y gozosa que hace que cualquier cosa que pueda experimentar en una mega iglesia estadounidense sea pálida en comparación. En una sala muy pequeña en Cuba, al escuchar a un pastor "sin educación" predicar el Evangelio hace que el teólogo mejor entrenado parezca seco y débil. Al escuchar las historias de pura alegría que experimentan los misioneros estadounidenses perseguidos en un país musulmán hace que los escritos de Pablo cobran vida. La iglesia en América tiene una necesidad desesperada de experimentar la fe como un niño, una fe que consume todo, una fieldad como Dios quiso que fuera nuestra relación con Él.

En nuestras propias vidas, nos convertimos en personas con las que salimos. Si salimos con personas que comen demasiado, comeremos demasiado. Si salimos con personas que hacen ejercicio, haremos más ejercicio. Si salimos con personas cínicas y sarcásticas, esos rasgos crecerán en nuestras propias vidas. La fe funciona de la misma manera. Si pasamos tiempo con personas que sienten pasión por su caminar con Jesús y que realmente lo están viviendo, nos sentiremos atraídos a hacer lo mismo. Si nuestra iglesia pasa tiempo y construye relaciones con iglesias que experimentan un avivamiento, con iglesias que confían en Dios a un nivel más profundo, nuestra iglesia será más saludable. Incluso en nuestras áreas de salud, las iglesias en situaciones y culturas diferentes viven su fe de manera diferente, y esa experiencia puede enriquecernos y ayudarnos a crecer. El cuerpo de Cristo está lleno de variedad, y todos nos necesitamos para sobrevivir.

El grano de arena de Phil

Si usted está prestando atención a la iglesia estadounidense, sabe muy bien que estamos perdiendo gente como en ningún otro momento de la historia. Quiero proponer otra forma de llegar a las personas a través de misiones a corto plazo y traerlas de vuelta a la iglesia.

Una de las razones más importantes por las que las personas han abandonado la iglesia, especialmente la iglesia evangélica, es porque sienten que a la iglesia no le importan los pobres, huérfanos, inmigrantes, refugiados y marginados en nuestro país o en nuestro mundo. Ellos ven a una iglesia pagando un servicio especial, pero sin hacer nada real y tangible sobre estos temas. Quieren ver una iglesia que se preocupe por la justicia y unirse a Dios para restaurar el mundo y hacer las cosas bien.

La gente de hoy quiere saber si a Dios le importan los problemas sociales que enfrenta nuestro mundo hoy. Una persona tendría que ser despiadada para no preocuparse por los huérfanos, la esclavitud, la pobreza o los marginados de nuestro mundo. Cada vez que comparto con personas que están fuera de la iglesia sobre lo que estamos haciendo en nuestros viajes misioneros a corto plazo, aprendiendo y participando en la lucha contra las injusticias en nuestro mundo actual, quieren saber más y cómo pueden participar. Si la gente ve a una iglesia involucrarse activamente en estos problemas sociales e ir a lugares donde ocurren estas cosas, estarán más inclinados a unirse a usted en la causa. ¿Por qué no usar el viaje misionero a corto plazo como una forma de alcanzar a las personas a través del corazón de Dios para los marginados?

La mayoría de los estudiantes (90%) que participan en nuestros viajes misioneros a corto plazo no son creyentes ni asisten la iglesia en ningún lugar. Sí, es complicado. Sí, debemos decirles que no pueden decir ciertas cosas en un viaje. Pero vaya, estos estudiantes se encuentran cara a cara con un Dios que se preocupa por las cosas y las personas que a ellos les importan. Comienzan a ver y entender a un Dios que ni tenían idea de que existía. Escuchan historias de personas que son pilares de su fe, y ven a Dios de manera real y tangible, y sus vidas cambian para siempre.

CAPITULO 5

Desarrollar las motivaciones correctas

Phil

"A la mayoría de los pastores de jóvenes, pastores de alcance u otros que dirigen viajes misioneros a corto plazo simplemente no les importa". Estas palabras inquietantes fueron dichas por el director de un ministerio en una conversación que estábamos teniendo sobre los efectos de las misiones a corto plazo en su ministerio. Él no es el único que se siente así. Aunque el ha visto el impacto positivo de algunos grupos, ha visto a muchos que son una carga tremenda, que lastiman el ministerio y la comunidad.

Todo se reduce a nuestras motivaciones para misiones a corto plazo. Nuestras acciones y palabras revelan por qué lideramos y vamos en estos viajes. La forma en que tratamos el ministerio y las comunidades que visitamos, nuestras solicitudes, demandas y acciones revelan por qué estamos allí. Por lo tanto, debemos de detenernos y analizar seriamente por qué seguimos y lideramos estos viajes. ¿Por qué vamos en un viaje misionero a corto plazo? ¿Por qué usted, el líder, lleva sus estudiantes o equipo a un viaje misionero a corto plazo? Comprender nuestras motivaciones determinará la forma en que interactuamos con las personas a las que asistimos y el éxito o el fracaso del viaje, y si dañaremos a la comunidad anfitriona o haremos una diferencia positiva.

Como líderes de un equipo misionero a corto plazo, es nuestra responsabilidad definir claramente nuestro "por qué" y comunicar nuestra motivación a todos los demás en nuestro viaje, en nuestra iglesia y en nuestros seguidores. Antes de planificar, comprar boletos de avión y formar nuestro equipo, nosotros como líderes debemos de definir por qué vamos. Nuestro "por qué" probablemente cambiará mientras avancemos en el viaje a medida que tengamos nuevas experiencias, conozcamos nuevas personas y Dios se nos revele. Pero mientras estemos buscando relaciones humildes recíprocas con aquellos a quienes servimos, nuestras motivaciones estarán en el lugar correcto.

Hay muchas razones por las que las personas se inscriben inicialmente para ir en un viaje misionero a corto plazo, pero los líderes deben hacer el trabajo arduo de ayudar a todos a comprender por qué nos vamos. Algunas de las razones que he escuchado son:

"Estoy siguiendo el llamado de Jesús para ir a todo el mundo y predicar el Evangelio".

"Quiero ir a servir y amar a los demás".

"Quiero estar más agradecido por lo que tengo".

"Voy a ir porque no creo que sea seguro para mi hija ir sola en el viaje misionero".

"Quiero compartir mi testimonio con alguien que lo necesite".

"Solo necesito horas de servicio para poder graduarme".

"Quiero aprender sobre otra cultura".

Ahora, todas estas no son razones malas, ¿pero son lo que queremos para nuestros equipos? Más importante aún, ¿es lo que la comunidad anfitriona o el ministerio quiere de nosotros? Incluso si nuestras razones iniciales para ir están fuera de un corazón bueno y puro, debemos estar dispuestos a ser desafiados en nuestras motivaciones.

Las motivaciones son complicadas

Cuando me reúno con misioneros o directores de ONG (organizaciones no gubernamentales) en otros países, siempre me interesa lo que realmente piensan de los grupos misioneros a corto plazo. Como yo dirijo una organización que ha llevado a miles de personas en viajes misioneros a corto plazo, me doy cuenta de que podría ser una pregunta incómoda responder. Sabiendo que no sé lo que no sé, dándome cuenta de que a veces lo hemos echado a perder y con un profundo deseo de replantear cómo se han realizado las misiones a corto plazo, no me conformo con la primera respuesta. Muchas veces sé que hay problemas más profundos que no se mencionan al inicio de la conversación.

Recientemente visité a un misionero en Tailandia para aprender sobre su ministerio para llegar a las personas marginadas. También me interesó saber cómo Be2Live podría asociarse con ellos para apoyar su trabajo. Cuando pasamos la semana juntos y nuestra relación se construyó, el misionero compartió una historia conmigo.

Este misionero había sido anfitrión de equipos médicos de doctores durante varios años. Vendrían y verían a muchos pacientes en la parte norte de Tailandia. Estos médicos bien intencionados estaban haciendo un buen trabajo para tratar a los enfermos y satisfacer las necesidades de las personas. El gobierno acudió al misionero y le pidió que le pidiera a los doctores que hicieran dos cosas: dejar de emitir estos medicamentos "exóticos" que no tienen en Tailandia porque no pudieron volver a surtir las recetas después de que se agotaron. Más importante aún, el gobierno pidió a los doctores estadounidenses que capacitaran a los médicos de Tailandia para que pudieran satisfacer de manera más suficiente las necesidades de su propia gente. Para sorpresa del misionero, los médicos estadounidenses se negaron a capacitar a los médicos locales. Una solicitud como esta, aunque complicada, tendría un impacto duradero. Al año siguiente los doctores dejaron de venir.

¿Qué revelaron las acciones de los doctores sobre sus motivaciones y su corazón para los tailandeses? ¿Para quién fue realmente este viaje médico a corto plazo?

El misionero me dijo: "La gente quiere salvar el mundo, pero no quiere salvar Tailandia". ¡Qué declaración tan profunda! Podemos sustituir cualquier país, ciudad o comunidad: "La gente quiere salvar el mundo, pero no quiere salvar a México". "La gente quiere salvar al mundo, pero no quiere salvar Chicago". Es más glamoroso y emocionante para "salvar el mundo" que hacer el trabajo arduo de erradicar un problema en un solo lugar a largo plazo.

Nuestra verdadera motivación se revela a través de nuestras acciones, palabras y pensamientos mientras estamos en el momento del viaje. ¿Cómo respondemos al anfitrión cuando nos dicen: "No, no queremos que hagan eso" o si nos piden que hagamos algo diferente de lo que habíamos planeado? Para complicar las cosas aún más, mientras la semana sigue y nos cansamos más, nuestros márgenes se reducen. Podemos conocer nuestros verdaderos motivos al observar nuestros pensamientos, acciones y palabras:

- ¿Nos quejamos de las duchas frías, los alimentos o las condiciones del alojamiento para nuestro equipo?

- ¿Nos negamos a cumplir con el código de vestimenta del orfanatorio, el ministerio o la comunidad?

- ¿Estamos haciendo ruido en el área de la vivienda más allá del tiempo de silencio?

- ¿Nos importa la calidad de nuestro trabajo?

- ¿Estamos honrando las costumbres, leyes y relaciones locales?

- ¿Estamos permitiendo que el líder de la comunidad anfitriona dirija nuestro equipo?

- ¿Devaluamos el trabajo de los locales porque no lo haríamos así en los Estados Unidos?

Necesitamos ser honestos con nosotros mismos y verificar nuestras motivaciones conscientes e inconscientes. Las motivaciones conscientes son aquellas de las que hablamos y nos dan razones para ir. Las motivaciones inconscientes son las que están debajo de la superficie, y muchas veces no sabemos que están ahí. Si no somos honestos con nosotros mismos y con nuestros equipos, podemos hacer más daño que bien. Como seres humanos caídos es difícil para nosotros abordar todo con motivos puros. No siempre vamos a hacerlo bien, pero si nos examinamos a nosotros mismos, invitamos a Dios a ayudarnos y permitimos que las relaciones que formamos nos desafíen y nos cambien, podemos crecer en nuestras motivaciones, nuestro impacto y nuestra relación con Dios.

Con cada motivación existe el potencial de una motivación inconsciente a un lado. Tenemos que ser conscientes de esto cuando vamos en nuestros viajes. Echemos un vistazo a algunas motivaciones inconscientes, conscientes y correspondientes.

Motivación consciente # 1:

"Vamos a predicar el Evangelio para que podamos salvar la vida de la gente".

Podemos usar los siguientes versos para responder a nuestro por qué:

- "Por tanto, vayan y hagan discípulos de todas las naciones, bautizándolos en el nombre del Padre y del Hijo y del Espíritu Santo" (Mateo 28:19).

- "Vayan por todo el mundo y anuncien las buenas nuevas a toda criatura" (Marcos 16:15).

- "Pero, cuando venga el Espíritu Santo sobre ustedes, recibirán poder y serán mis testigos tanto en Jerusalén como en toda Judea y Samaria, y hasta los confines de la tierra" (Hechos 1:8).

Para algunos, nuestra motivación consciente es ir y cumplir la gran comisión. Este es un llamado digno, pero si somos honestos con nosotros mismos, ¿es lo mejor lograrlo en un viaje a corto plazo? El mensaje del Evangelio es vital, pero ¿son nuestros métodos más eficaces? ¿Es mejor que nuestros equipos misioneros de corto plazo vayan a otras comunidades para "predicar el Evangelio", realizando dramas en el parque, pidiendo decisiones, sin tener una relación creciente o un plan de seguimiento? Si su iglesia anfitriona le está pidiendo que lo ayude a ponerse en contacto, y tienen personas preparadas para hacer un seguimiento con otros mucho después de que su equipo se vaya, entonces únase a ellos.

Mis años como Director de Vida en el Campus en el Noreste de Indiana me enseñaron la importancia del ministerio relacional. Muchos de nosotros nos acercamos al ministerio construyendo relaciones con personas que están lejos de Cristo con la esperanza de "ganar el derecho de ser escuchado" para que podamos compartir su relación con Jesús con ellos. Por lo general, estas relaciones tardan meses, sino años en desarrollarse. Si este es el caso para nosotros en casa con vecinos y compañeros de trabajo que vemos tan a menudo, ¿no deberíamos aplicar este mismo razonamiento a nuestros viajes misioneros a corto plazo? Si nosotros, como iglesia u organización, enseñamos el ministerio relacional a nuestros estudiantes, voluntarios adultos y congregación pero no lo practicamos en nuestros viajes misioneros a corto plazo, entonces somos hipócritas.

La mayoría de los estudiantes de secundaria que llevamos en nuestros viajes de servicio y aprendizaje no son creyentes o son estudiantes que tienen poco o nada de fe o antecedentes de la iglesia.

En uno de nuestros viajes de verano, estábamos trabajando con un socio del ministerio en el pueblo mientras realizaban un evento de alcance para la comunidad. Junto con nuestro grupo estaba un grupo de doctores y enfermeras cristianos estadounidenses que realizaban exámenes médicos y satisfacían las necesidades físicas de las personas de la comunidad. A nuestros estudiantes se les pidió que hicieran artes y manualidades con los niños mientras esperaban a ver al médico.

Cuando una de las enfermeras estadounidenses supo que nuestros estudiantes no eran creyentes, esta enfermera estaba decidida a guiar a una de ellos a Cristo. En el almuerzo, la enfermera acorraló uno de nuestros estudiantes y comenzó a tratar de evangelizar, sazonando al estudiante con preguntas y suplicando su caso por el "Evangelio". Permítame recordarle que este estudiante nunca había conocido a esta enfermera.

Finalmente nuestro alumno cedió y dijo la oración de salvación. La enfermera se fue regocijándose de haber conducido a un alumno al Señor, para nunca volver a verla o seguir con ella. Después de esta interacción, ambos tuvieron dos historias muy diferentes de lo que sucedió.

¡La enfermera relató cómo había llevado a uno de nuestros estudiantes al Señor y lo emocionada que estaba de poder hacer esto! La respuesta de nuestro estudiante fue completamente diferente. "No pude salir de la conversación, así que repetí después de ella un alguna oración para que pudiera terminar. No tengo idea de lo que dije".

Esta no es una manera responsable de compartir el Evangelio. Pero esto fue la idea de alguien de que fueron llamados a compartir el Evangelio sin seguimiento ni relación con la persona. Esto no es lo que Dios quiso que hiciéramos con las Buenas Nuevas.

Si usted se está asociando con una iglesia o ministerio y le piden que usted haga una obra de salvación o que presente el Evangelio, si fue su idea y su dirección, entonces por favor, continúa. Si durante un viaje misionero a corto plazo, usted se siente que Dios lo está guiando a compartir el Evangelio con alguien, entonces por favor, hágalo. Pero bañemos cada golpe del Espíritu Santo en oración antes de salir e intentar lo mejor posible de conectar la persona con la que estamos compartiendo con una persona o ministerio que estará allí a largo plazo para ayudarla a crecer en Cristo.

Motivación inconsciente # 1:

"Necesitamos validar el costo del viaje misionero a corto plazo".

Durante mi tiempo en una organización cristiana anterior en Indiana, tuve que sentarme y completar mi informe semanal del ministerio y entregarlo a mi supervisor. En este informe del ministerio, tuve que escribir lo que hice durante la semana y cuáles fueron los resultados. ¿Cuántos estudiantes vinieron al club esa semana? ¿Cuántos horarios de construcción y citas tuve esa semana? Pero se sabía que la estadística más solicitada era "¿Cuántas veces presentaste el Evangelio y cuántos estudiantes tomaron decisiones?" Sabíamos que cada semana se esperaba que "presentáramos el Evangelio" a los estudiantes, ya sea a través de citas individuales o en nuestros clubes. El número de presentaciones y decisiones también fue importante en relación con el grupo de padres de nuestra organización, también nuestras cartas de oración que enviamos mensualmente.

Ahora no me malinterprete, estoy a favor de compartir a Jesús con la mayor cantidad de personas posible. Pero cuando reducimos el Evangelio a un número y una expectativa de decisiones tomadas, entonces no estamos siendo responsables con el Evangelio. Tampoco estoy seguro de que seamos responsables con la relación. Es demasiado fácil ver a una persona como un proyecto que se puede salvar para poder conocerla y cuidarla realmente, tal como son. Jesús lo hizo tan bien. Vio al individuo y lo encontró donde estaba. Yo quería que el mayor número posible de estudiantes tomara decisiones para seguir a Jesús, pero si parte de mi trabajo consistía en la cantidad de decisiones que se estaban tomando, ¿cuál fue mi verdadera motivación para presentar el Evangelio? Sí, era para que los estudiantes supieran, amaran y siguieran a Jesús, pero decir que mis motivos eran completamente puros no sería cierto. Muchas veces me pareció que mi motivación para presentar el Evangelio era más sobre mí y sobre mi informe de ministerio y mis cartas de oración que en realidad por ser sensible al Espíritu Santo. Mi motivación inconsciente fue para que me viera bien en mi ministerio. Me hizo sentir mejor conmigo mismo y con mi ministerio.

Hoy en día hay muchas iglesias que realizan viajes misioneros a corto plazo con el propósito anunciado de "presentar el Evangelio". Pero debemos estar dispuestos a profundizar en nuestras motivaciones y considerar las siguientes preguntas: ¿Por qué hacemos presentaciones del Evangelio? ¿Es para que podamos informar a nuestra iglesia cuántas decisiones se tomaron por Cristo para poder validar que nuestro viaje valió lo que pagamos?

Si el Evangelio es nuestra prioridad, hay muchas preguntas a considerar: ¿Qué pasaría si hubiera una manera diferente de presentar el Evangelio? ¿Qué pasa si ayudamos a proveer para una iglesia para que puedan ser más eficaces al presentar el Evangelio a su comunidad? ¿Qué pasaría si pudiéramos dar lo que se necesita a las iglesias para llegar a su comunidad de la forma en que se sienten mejor? ¿Podemos desarrollar una iglesia hermana en la comunidad con una relación de ministerio a largo plazo que se celebre entre sí, oren unos por otros y se ministren unos a otros?

Revisémonos periódicamente y sigamos trabajando para lograr un mayor impacto a largo plazo cuando nuestras iglesias invierten en iglesias indígenas para llegar a su comunidad.

Motivación consciente # 2:

"Vamos a sacrificarnos por los que estamos sirviendo".

Cuando las personas realizan viajes misioneros a corto plazo, muchos sacrifican su tiempo de vacaciones, dinero y tiempo con familia. Otros gastan mucho tiempo y energía en recaudar dinero para su viaje. Muchos grupos van sabiendo que sus condiciones de alojamiento serán menos que cómodas. La gente va voluntariamente a dormir en literas, a comer alimentos nuevos y diferentes que tal vez pueden enfermarlos, y no se duchan durante una semana. Están dispuestos a sacrificar las comodidades del hogar para que puedan trabajar con las personas de la comunidad a la que sirven.

Motivación Inconsciente # 2:

"Serviré a los demás solo cuando se satisfagan mis necesidades".

Aunque pretendemos sacrificar y renunciar voluntariamente a las comodidades del hogar, muchas veces esto simplemente no funciona en el viaje. Cuando el caucho se encuentra con el camino, volvemos a nuestra necesidad percibida de comodidades de nuestra naturaleza, a veces sin siquiera darnos cuenta.

Un orfanatorio en América Latina tenía una instalación de vivienda para sus equipos misioneros a corto plazo donde tenía cinco duchas para el grupo. Pero las duchas tenían poca presión de agua, lo que hacía difícil tomar una "buena" ducha y quitarse el jabón del cabello. Las instalaciones de vivienda compartían la misma fuente de agua que el resto del orfanatorio. Después de unos días de duchas mediocres, el líder del grupo preguntó al personal del orfanatorio si podían apagar el agua a los niños en el orfanatorio entre las 3: 00-5: 00 p.m. para que su equipo pueda darse una ducha con buena presión de agua. Aunque este equipo misionero tuvo buenas intenciones, cuando se sintieron incómodos y sucios, su motivación pasó de servir a los demás a satisfacer sus necesidades.

Cuando ingresemos a las comunidades a las que servimos, seamos conscientes de cómo viven las personas a nuestro alrededor. Sí, sería bueno tener duchas de agua caliente con fuerte presión de agua. Confíe en mí, me gusta sentirme limpio y fresco todos los días, pero no a expensas de alguien que tiene menos de mí a diario y, especialmente, de aquellos a quienes sirvo en la comunidad. (Muchas personas que viven en la comunidad ni siquiera tienen regaderas y mucho menos agua caliente). Mis necesidades no son tan importantes como las que atiendo. Si hacemos una pausa para considerar las normas de la comunidad en la que estamos sirviendo, puede que nos sorprenda ver lo agradable que es realmente nuestra vivienda de misioneros y ayudarnos a sacrificar las comodidades del hogar durante la semana.

Cuando usted está en su viaje de misión, ¿qué solicitudes o demandas está haciendo a la organización anfitriona? ¿Está pidiendo más de lo que el anfitrión o la comunidad tienen acceso a diario?

Motivación consciente # 3:

"¡Vamos a terminar el trabajo!"

Este es otro objetivo orientado al servicio. A lo largo de los años, hemos tenido grupos, principalmente adultos, que quieren saber qué es el proyecto y ellos trabajarán para hacerlo a toda costa; incluso si eso significa que necesitan saltarse la cena o incluso el día de "turista". Me encantan los grupos como este que quieren trabajar para terminar sus proyectos. Muchas organizaciones se han vuelto tan eficientes en la construcción de casas que puede construir una casa en cuatro días. Otras organizaciones saben qué proyectos les gustaría que usted hiciera, ya sea reparar una casa, construir una iglesia o agregar una habitación.

¿Con qué frecuencia hacemos un viaje misionero a corto plazo con un proyecto que queremos lograr en una semana? Nos gusta ver nuestro progreso y queremos honrar nuestro compromiso con las iglesias y los partidarios que han ayudado a pagar no solo nuestro viaje, sino también el proyecto que estamos realizando. Es algo bueno cuando tenemos la motivación de querer usar nuestros dones, talentos o trabajo duro en un sitio de trabajo para hacer el trabajo. ¿Pero cuál es la posible motivación inconsciente?

Motivación Inconsciente # 3:

"Queremos una foto y la historia de bienestar al final de la semana debido a nuestro trabajo". O: "Nuestra iglesia espera que terminemos el proyecto en una semana".

Nosotros, como estadounidenses, nos gusta terminar los trabajos. Nos hace sentir bien con nuestro trabajo. No hay nada de malo en esto, pero ¿es el mejor? Muchas organizaciones anfitrionas y ministerios saben esto y trabajan para darle al equipo misionero a corto plazo un proyecto que pueden terminar en una semana: construir una casa, pintar una pared, construir una cerca, etc. Si nuestra motivación es terminar un proyecto en una semana, lo más probable es que tengamos un proyecto que se pueda lograr en una semana. ¿Pero es este el mejor proyecto que podríamos haber hecho para la comunidad, la iglesia o la organización?

Durante una visita a una comunidad que vive en el antiguo basurero de Tijuana, tuve una conversación con el director que ayuda dar recursos a las personas de la comunidad. Mientras conducíamos por el camino de tierra lleno de baches a través de la comunidad, comentando las casas diferentes que habían sido construidos por los estadounidenses, ambos llegamos a la misma conclusión. Aunque las casas de madera que construyeron los grupos estadounidenses eran buenas, no eran lo mejor que se podía hacer por estas familias. En México, la mayoría de las personas que tienen los medios construyen casas de bloques de concreto porque son más resistentes, duran más y tienen mejor aislamiento. Nos dimos cuenta de que una de las únicas razones por las que construimos casas de madera es porque los grupos estadounidenses pueden construirlas en una semana.

Sí, tener una casa de madera es mejor que tener una casa de cartón y lonas, pero ¿es lo mejor que podemos darles? En México, el bloque es más barato, pero lleva más tiempo construirlo y es más técnico. Construir una casa de bloques de concreto en una semana es difícil. No me malinterprete, no hay nada de malo en darle a una familia una nueva casa de madera. Pero seamos realistas, ¿por qué les estamos dando una casa de madera cuando podríamos darles una casa de bloques más fuerte? Si es porque queremos hacerlo en una semana para que podamos sentirnos bien y validar nuestro viaje, entonces seamos honestos acerca de nuestras motivaciones. Es fácil hacer lo que siempre se ha hecho, pero mire a su alrededor, observe lo que es normal en la comunidad, haga preguntas y vea si hay alguna forma que se haya omitido. Necesitamos ver qué es lo mejor en cada situación, no lo que es más conveniente o egoísta, y ser honestos con nosotros mismos, nuestro equipo y nuestra iglesia acerca de por qué y cómo estamos haciendo lo que estamos haciendo.

¿Está bien con su grupo y la organización con la que está trabajando si no termina un proyecto en una semana? ¿Usted está dispuesto a ceder a un proyecto que sería mejor para la familia u organización si el proyecto toma más tiempo que la semana que tiene que dar y tiene que dejar el proyecto sin terminar? ¿Qué pasaría si su iglesia o equipo decidiera asumir un proyecto que duraría más que su viaje de una semana y la iglesia y el equipo eligieron financiar el resto del proyecto? Sus fondos podrían usarse para contratar mano de obra local, proveer empleos a otras personas y, a largo plazo, dar un mejor regalo que lo que podría hacer en solo una semana. ¿Qué pasaría si su objetivo fuera dejar un legado, no una marca?

Motivación consciente # 4:

"Vamos a servir humildemente, haciendo lo que ellos necesitamos que hagamos".

"No hagan nada por egoísmo o vanidad; más bien, con humildad consideren a los demás como superiores a ustedes mismos. Cada uno debe velar no solo por sus propios intereses, sino también por los intereses de los demás". (Filipenses 2:2-4)

Estos versos son el sello distintivo de un gran viaje misionero a corto plazo con una mentalidad de servicio. Cuando entramos en nuestros viajes misioneros con gran humildad, eliminando nuestra ambición egoísta y haciendo lo que se nos pide, el viaje tiene la mayor posibilidad de ser un éxito para todos los involucrados. Cuando entregamos nuestra agenda a la agenda del liderazgo de la comunidad anfitriona, el viaje funciona. Cuando los grupos trabajan fuera de la postura de estar disponibles para hacer lo que se pide y necesita y no pedir ni exigir nada irrazonable, "no hacer nada por ambición egoísta", pueden suceder cosas asombrosas.

Cuando salimos para nuestros viajes misioneros de corto plazo, muchos de nosotros pensamos que vamos a servir a los necesitados y lo hacemos con un espíritu humilde. Pero cuando entramos en una cultura o una comunidad que no entendemos completamente, donde podemos ver la pobreza y cómo vive la gente, es difícil no de repente asumir un complejo de Mesías que piensa poder arreglar todo

Motivación Inconsciente # 4:

"No pueden hacer esto sin nosotros".

Me encantan las películas sobre héroes. No es un error que Marvel y DC sigan haciendo películas sobre nuestros superhéroes favoritos. Si usted es como yo, quiero ser el héroe que viene al rescate y salva el día, arregla las cosas, recibe los elogios y se siente bien por el trabajo que yo he hecho. Pero cuando se trata de nuestros viajes misioneros a corto plazo, lo último que necesita una comunidad, iglesia u organización es que nosotros seamos los héroes.

Aunque nuestra motivación es servir con humildad, es fácil quedar atrapado en el momento y comenzar a pensar que si no hacemos este trabajo o si no compartimos el Evangelio, la iglesia o el orfanatorio fracasarán y la gente se perderá por toda la eternidad. Nos decimos a nosotros mismos "nos necesitan". Como resultado, nos enfrentamos a un complejo del Mesías y comenzamos a forzar nuestro camino a través del proyecto mientras analizamos a las personas a las que fuimos a servir. Nos convertimos en expertos en cómo se debe hacer un proyecto o cómo una iglesia indígena debe hacer el ministerio. Rara vez, si alguna vez, esto va bien.

Lo que sucede típicamente cuando nos enfrentamos al complejo del Mesías es que esa comunidad o iglesia anfitriona se siente devaluada y deshumanizada. Comenzamos a forzar nuestro camino, nuestra agenda, hacia ellos sin tener en cuenta el trabajo que ya han realizado, sin respetar su experiencia y su conocimiento de las necesidades de la comunidad. A menudo, servir con humildad significa pedir ayuda y conocimientos de la comunidad anfitriona.

Cuando usted está en el sitio de trabajo, ¿le importa más la gente con la que está trabajando o el trabajo que está tratando de hacer? Cuando entra el sitio de trabajo, ¿usted permite que el anfitrión local le guíe y lo haga de la manera que ellos quieren que se haga el trabajo? ¿Usted entrega su voluntad, comprensión de la construcción y conocimientos a su comprensión profesional de cómo se debe hacer el proyecto en su comunidad? ¿Se recuerda a si mismo que no es el héroe, solo es el sirviente?

¿Qué sucede si entramos en nuestros viajes misioneros a corto plazo con una actitud de humildad como Cristo, que vino a servir y no a ser servido ni a tomar crédito por lo que hizo? ¿Qué increíble sería si, después del viaje, las personas con las que trabajamos se sintieran honradas, dignas y amadas por quienes son, por sus dones, talentos y liderazgo? Sabemos cómo es cuando nos sentimos alentados y amados por alguien más. Encontremos maneras de servir humildemente y no creamos que somos los héroes de la historia, pero somos simplemente el compañero o los extras de una película mientras el verdadero héroe, la comunidad anfitriona, se está formando en el Reino de Dios.

Humildemente navegar por nuestros motivos durante el viaje

Nuestro motivo principal, hablado y tácito, siempre debe estar enfocado en aquellos a quienes vamos a servir. Debemos entregar nuestra agenda, necesidades y deseos al ministerio u organización a la que servimos y darnos cuenta de que no se trata de nosotros; se trata de ellos: sus necesidades, su plan, su forma de hacer las cosas. Ese es nuestro lado de la relación recíproca.

Mientras avanzamos en nuestro viaje, preguntemos continuamente: "¿Mis palabras y mis acciones coinciden con mi deseo de servir humildemente a los demás"? ¿Cuánto nos quejamos cuando la ducha se queda sin agua caliente? ¿Cuánto nos quejamos si nuestras condiciones de alojamiento no se ajustan como nuestros estándares de nuestra casa? ¿Seguimos las reglas que la organización, ministerio, o iglesia anfitriona nos piden? ¿Nos sometemos verdaderamente al liderazgo de la organización, el ministerio o la iglesia anfitriona, o abrimos nuestro propio camino con nuestra propia agenda?

En resumen, ¿nuestras acciones y palabras comunican que estamos allí para servir a la comunidad anfitriona? ¿Dicen que realmente nos preocupamos por aquellos a quienes queremos servir?

Es posible servir con una actitud incorrecta, una actitud contraria de lo que Pablo habla en Filipenses 2, una actitud de orgullo, arrogancia y egocentrismo. Las personas que sirven con una actitud arrogante son las que tratan de decirle a la iglesia local cómo deben hacer el ministerio; van con la intención de recibir elogios y reconocimiento por su trabajo; sirven con la creencia de que lo que tienen para ofrecer es más importante que lo que cualquier otra persona tiene para ofrecer. Van forzando su voluntad, sus expectativas y su agenda en la comunidad anfitriona, todo bajo el disfraz de servicio. Si realizamos nuestros viajes con esta actitud, no solo perderemos lo que Dios quiere enseñarnos, sino que también haremos daño a la comunidad a la que vamos a servir. Hubiera sido mejor si no se hubieran ido.

Pero es posible ir en un viaje con la esperanza de aprender y crecer en nuestra relación con Jesús y con los demás mientras servimos a los demás con humildad. Cuando vamos con una actitud de humildad, nos permitimos ser estudiantes, no profesores. Nos permitimos aprender nuevas formas de hacer ministerio y construcción. Nos permitimos ver el mundo a través de los ojos de otras personas. Nos permitimos desarrollar buenas relaciones con aquellos a quienes vamos a servir. Cuando tengamos la actitud de humildad, nos abriremos para aprender, recibir y ser guiados a partes más profundas de la vida y la fe. La actitud de humildad permite que se desarrolle una relación recíproca, y esas relaciones pueden refinarnos aún más porque permiten a otros ayudar a aclarar nuestros motivos y señalar cuándo nos enfocamos en nosotros mismos.

Es a través de estas relaciones recíprocas que la confianza se desarrolla y estamos mejor equipados para servirnos más eficazmente. Cuando ponemos nuestra agenda y nuestro orgullo a un lado, podemos escuchar mejor las verdaderas necesidades de la comunidad, siendo conscientes de cómo podemos ofrecer nuestros dones, talentos y recursos. Cuando somos humildes, podemos aprender y crecer unos de otros. Es a través de las relaciones recíprocas que podremos quitarnos las cadenas y los pesos que nos impiden crecer en todo lo que Dios nos ha creado para convertirnos. Este es nuestro objetivo final.

Un cambio radical del corazón

Antes de pasar de nuestras motivaciones a discusiones más prácticas sobre cómo desarrollar relaciones, debemos hacer una pausa. No es suficiente tener los motivos correctos en el papel y actuar diligentemente, cualquiera puede hacerlo, al menos en teoría. Pero como cristianos, lo que estamos haciendo es diferente, y estamos llamados a actuar con el corazón de Cristo. Si nuestras motivaciones conscientes e inconscientes son puras, podemos evitar dañar las comunidades, pero sin buscar el corazón de Cristo, no podremos vislumbrar su plenitud en las comunidades en las que trabajamos y no podremos recibir los destellos de Cristo que esas comunidades nos brindan.

Cuando entré en el ministerio, la frase popular del día fue: "¿Qué haría Jesús?" Aunque esta frase rara vez se usa ahora, sugeriría que todavía hagamos esta pregunta en nuestros viajes misioneros a corto plazo. "¿Qué haría Jesús si viera a alguien con hambre?" O, "¿Qué haría Jesús si viera a alguien que no tiene un hogar?". Pero, ¿qué pasa si damos un paso más allá: "¿Cómo yo trataría y valoraría la otra persona si él o ella fuera Jesús?

Jesús habló de esto en Mateo 25: "Entonces dirá el Rey a los que estén a su derecha: 'Vengan ustedes, a quienes mi Padre ha bendecido; reciban su herencia, el reino preparado para ustedes desde la creación del mundo. Porque tuve hambre, y ustedes me dieron de comer; tuve sed, y me dieron de beber; fui forastero, y me dieron alojamiento; necesité ropa, y me vistieron; estuve enfermo, y me atendieron; estuve en la cárcel, y me visitaron'" (versos 24-25).

Jesús se pone a sí mismo como el que tiene hambre, sed, en la cárcel, desnudo y enfermo. Jesús nos desafía a considerar: "Lo que sea que haya hecho con la menor de estas cosas, me lo hizo a mí". Si lo pensamos, esto tiene sentido. Jesús siempre estuvo en la parte inferior de la vida. Él vivió su vida terrenal como uno que era pobre, sin hogar y oprimido.

Jesús, quien es Dios mismo, tomó la condición de los marginados de Su día. Jesús nació en la pobreza. No mucho después de que naciera, Jesús y su familia tuvieron que huir por temor de sus vidas, ya que el rey Herodes intentó matar a todos los niños menores de 2 años. Por lo tanto, la familia de Jesús se convirtió refugiada en un país extranjero. Jesús vivió como un hombre sin hogar soportando un gobierno romano opresivo que buscaba gobernar por medio de la fuerza y la intimidación. Comió con los marginados e ignorados de Su día. Jesús luchó contra el sistema religioso opresivo que se aprovechaba de las personas. Finalmente, Jesús soportó un juicio ilegal y sufrió la pena capital. Jesús no solo se identificaba con los marginados, sino que también era uno de ellos. Aún más sorprendente es que cuando fue confrontado por los ricos, nunca pidió cosas. Jesús siempre buscó una relación con los demás. Jesús nunca permitió que las barreras de riqueza, raza, religión o ubicación afectaran su deseo de relación.

Esta es una imagen de la motivación a la que Cristo nos llama: estar juntos, sin importar las barreras que nos separan. Jesús rompió estas barreras para nosotros. ¿Cómo sería nuestro viaje misionero a corto plazo si viéramos el rostro de Jesús en cada persona con la que interactuamos? Nos convertiríamos en el aprendiz y el sirviente. Los aprendices y los sirvientes no tienen todas las respuestas. Los aprendices y los sirvientes se ponen bajo la autoridad de otro. Los aprendices y los sirvientes escuchan para entender antes de tratar de resolver el problema. Los aprendices y los sirvientes hacen lo que se les pide sin quejarse, dejando su agenda en casa.

¿Qué pasaría si viéramos a todas las personas con las que servimos como parte de la misma familia, la familia de Dios; cada uno de nosotros refleja el rostro de Cristo el uno al otro, cada uno tiene algo que aportar y cada uno lucha por convertirnos en todo lo que Dios nos ha creado volverse?

El grano de arena de DJ

Ser consciente de sí mismo es complicado, y muy pocas personas lo hacen bien. Es necesario tener una evaluación honesta de nosotros mismos, nuestros verdaderos talentos y lo que estamos presentando al resto del mundo que nos rodea. En las misiones a corto plazo, ser consciente de sí mismo nos ayuda a trabajar de una manera saludable.

Nada en este mundo es 100%. Aunque los equipos misioneros van al campo para predicar el Evangelio o satisfacer una necesidad física, siempre hay motivaciones subyacentes de múltiples capas. Hace poco vi un anuncio de broma para un "palo autofoto de misión a corto plazo" para obtener las "mejores fotos posibles de usted con niños pobres para sus páginas de redes sociales". Fue gracioso porque se acerca mucho a la verdad. Las personas van a servir, pero también buscan la experiencia, el viaje, algo más para agregar a su solicitud de la universidad, verse bien en las redes sociales, etc. La gente es complicada.

Tener motivaciones mixtas es normal, pero debemos ser conscientes de nuestras motivaciones diferentes y hacer lo mejor para servir a los demás y construir relaciones desde un lugar y motivación lo más saludable posible.

Uno de los muchos privilegios de hospedar a cientos de equipos misioneros a corto plazo a lo largo de los años es poder observar las diferencias en los grupos. Hemos podido ver una amplia gama de aptitudes, actitudes, fondos, conjuntos de habilidades, objetivos y otros detalles que distinguen a los grupos. A veces estas cosas los distinguen por buenas razones, muchas veces por malas.

Sin duda, nuestros grupos favoritos son los que entienden el panorama general. Se centran en trabajar en un proyecto y hacer un trabajo de calidad, pero se dan cuenta de que los proyectos en sí son irrelevantes. Los proyectos de construcción, las construcciones de casas y los proyectos de pintura solo son herramientas para construir relaciones. Entienden que estamos todos juntos en esto y ellos (o nosotros) no tenemos todo resuelto. La humildad va muy lejos en el trabajo de misiones .

He visto grupos venir con una amplia gama de actitudes, ideas y objetivos. He tenido más de unos pocos grupos organizando una agenda muy completa, completamente dividida en incrementos de 15 minutos. A veces, la mayor barrera para las misiones es nuestra propia agenda. Estos estadounidenses tienen personalidades del tipo A y quieren "lograr algo". Bromeo con algunos grupos: "Si no pueden publicar una foto en Facebook, nunca sucedió".

Un líder me contó una historia. Después de que regresaron de lo que sentí que fue un viaje fantástico para construir una relación, varias personas en su iglesia hicieron la misma pregunta: "¿Pero qué hizo usted?" Un viaje puede ser extremadamente exitoso solo por construir relaciones y escuchar a las personas que usted está sirviendo. Un viaje no tiene que involucrar completar una casa, realizar un alcance u organizar un EBV. La mentalidad estadounidense a veces dice: "Si no estamos increíblemente ocupados, no somos importantes". Recuerde que Jesús hizo algo de su mejor trabajo simplemente sentado alrededor de la fogata, escuchando a quienes lo rodearon y pasando tiempo con ellos. Podemos aprender mucho del ejemplo de Jesús estando presente con las personas que lo rodean.

CAPITULO 6

Aprender a festejar juntos

Phil

Crecí en una pequeña iglesia rural en el noroeste de Ohio. Yo siempre esperaba con ansias para las fiestas de traje de la iglesia. Déjeme decirle: mi iglesia sabía cómo hacer fiestas de traje. Había al menos tres salones de la escuela dominical llenos de comida alineados en mesas de ocho pies. La fiesta de traje siempre tuvo sus grapas. El clásico molde de gelatina verde con frutas y nueces en el interior, innumerables variedades de cazuelas, varias pastas y ollas de barro llenas de sabor. Hubo la sección de la mesa de ensaladas, incluyendo mi favorita, la ensalada de siete capas. Siempre se puede contar con una olla de pollo frito que una familia había comprado porque olvidó o se quedó sin tiempo. Lo que hizo que las fiestas de traje fueran tan buenas no era solo el hecho de que había tanta comida, sino que se debía a que todos fueron invitados a contribuir a la comida. Todos tenían un lugar, y la contribución de cada uno era diferente. Los convivios reunieron a nuestra iglesia. Todos se sintieron valorados, y había algo para todos. Y todos disfrutamos de la recompensa juntos.

Una fiesta de traje es una gran ilustración de lo que significa tener una relación recíproca. Todos tenemos un lugar y algo valioso para compartir. Todos dan, todos reciben, y por lo tanto todos son honrados en el proceso. Muy a menudo, los viajes misioneros a corto plazo se sienten como un evento organizado en lugar de una fiesta de traje, un evento organizado por grupos estadounidenses para la comunidad que visitan.

Pero en misiones, no es nuestra mesa o la de ellos. Es de Dios, y Él nos invita a todos a traer nuestro mejor y disfrutarlo juntos. Dios ha preparado la mesa de lo que está haciendo en el mundo. Él ya está en el trabajo donde servimos. Cuando nos adentramos en otra comunidad en nuestros viajes misioneros a corto plazo, no estamos atendiendo el evento y obteniendo todo el crédito. En cambio, somos invitados que traemos un plato a una cena a la que Dios nos ha invitado. Cuando entramos en una comunidad en nuestro viaje misionero a corto plazo, debemos confiar en que Dios ha estado activo en esta comunidad mucho antes de que llegáramos, y Él continuará trabajando mucho después de que nos vayamos. También debemos recordar que Dios tiene el mismo objetivo para cada ser humano: tener una relación con Él y crecer para convertirse en las personas que Él las creó para ser.

Este punto fue fortalecido en mi corazón por mi amigo Javier. Caminábamos por los caminos polvorientos que cruzan las colinas del basurero, llenos de basura. Bolsas de plástico viejas, llantas y otros tipos de basura en varias etapas de descomposición. Javier, su esposa y muchos niños viven en una pequeña casa de solo una recámara en el basurero. Mientras caminábamos, Javier respiró profundamente (¿mencioné que estábamos caminando en un basurero?), Y mientras exhalaba, dijo: "Estoy bendecido". Pensé a mí mismo, ¿Bendecido? ¿Cómo puede ser bendecido? ¡Usted vive en un basurero con su familia en una pequeña casa de una habitación!

Javier continuó: "Estoy bendecido porque puedo servir a mi comunidad". Sirve en una iglesia que se encuentra en el valle de este basurero viejo. Todos los días sirve desayuno caliente a los niños en su comunidad antes de que vayan a la escuela. También sirve a grupos misioneros a corto plazo como el nuestro llevándolos a sus amigos para orar por ellos. "No me pagan por hacer nada de este servicio, pero estoy bendecido".

Javier ve todo lo que tiene como una bendición para dar a los demás, un plato que trae a la fiesta de traje para compartir plenamente. Un día, después de vender un poco de arte que hace con restos que encuentra en el basurero, se dio cuenta de que tenía $10 extra en el bolsillo. "Dios, ¿por qué tengo $10 extra?", oró. Podría pensar en un montón de cosas para las que podría comprar o ahorrar. En cambio, Javier me dijo: "No mucho después de orar, alguien toco la puerta y necesitaba dinero para comprar tortillas y agua limpia. Me di cuenta de por qué tenía los $10 adicionales, así que se lo di todo a mi vecino que lo necesitaba".

Esa visión de la vida, que Dios me ha bendecido con generosidad para compartir con otros, incluso cuando mi vida no parece tener suficiente, está lejos de como mucho de nosotros vivimos. Pero para participar en una fiesta de traje, cada uno de nosotros puede traer lo que tenemos con alegría, sin retener nada. Cuando nos vemos a nosotros mismos como invitados a la mesa de lo que Dios ya está haciendo en la comunidad a la que servimos, y cuando nos tomamos el tiempo para escuchar las voces de aquellos con quienes estamos sirviendo, escucharemos la voz de Dios en los demás.

Abriéndonos para escuchar a Dios en los demás, humillándonos para ver que en los ojos de Dios somos todos iguales, ni mejores ni peores que nadie, es una de las mayores barreras que enfrenta la iglesia estadounidense, pero las misiones a corto plazo pueden destruir esa barrera casi inmediatamente.

Uno de nuestros viajes de estudiantes de preparatoria de Be2Live es a una pequeña comunidad al sur de la frontera de San Diego / Tijuana en México. Al cruzar la frontera de los EE. UU./México, el cambio de escenario de San Diego a Tijuana es bastante drástico e inmediato. Mientras usted conduce hacia el oeste a lo largo del lado mexicano de la frontera, puede ver la cerca de alambre de púas de 18 pies de altura que separa nuestros dos países. En un día claro se puede ver el horizonte de San Diego hacia el norte. Al mirar hacia el sur, puede ver los edificios y las casas sucias y deterioradas de Tijuana, con paredes y chozas llenas de graffiti construidas a lo largo de empinados barrancos con basura en la ladera. Después de cruzar, uno de los estudiantes de la escuela secundaria ofreció esta reflexión: "Sí, hay una pared que separa a nuestros dos países, pero la suciedad en un lado de la pared es la misma que la suciedad en el otro lado de la pared. La suciedad es la misma. Sí, hay grandes diferencias entre ellos y nosotros, pero también hay algunas similitudes. Todos somos personas, seres humanos". Todos estamos creados de la misma tierra. Todos somos creados a la imagen de Dios. Todos estamos invitados de tener una relación con Jesús. Todos estamos llamados por Dios para servir. Todos somos iguales ante Dios al pie de la cruz.

Así que todos somos invitados a la fiesta de traje de Dios, llamados al mismo propósito, con los pies plantados en la misma tierra. ¿Qué hacemos a continuación? ¿Cómo ponemos en práctica estas creencias para transformar nuestros viajes misioneros a corto plazo? En este capítulo, me gustaría compartir mi historia de cómo construir una asociación recíproca como un estudio de caso y proporcionar algunos pasos prácticos para ayudarlo a construir asociaciones similares.

Formando una sociedad: mi historia

Cuando era niño, me inspiraron las historias de los misioneros de poner toda su fe en el llamado de Dios en sus vidas. Durante la conferencia misionera de mi iglesia, me escapaba de la iglesia de los niños para escuchar las historias. Fue en una de estas ocasiones, al final de la primaria, que respondí al desafío del misionero visitante: iría a cualquier parte, a cualquier persona, en cualquier momento. Primero, atendí viajes misioneros a corto plazo con mi grupo de jóvenes a España. Esas experiencias me cambiaron. Mientras trabajaba en YFC, ayudé a dirigir viajes a varios lugares dentro y fuera de los Estados Unidos. Pasamos rápidamente cuando mi esposa y yo comenzamos el grupo de jóvenes de una nueva iglesia en California; comenzamos a soñar con facilitar un viaje misionero a corto plazo a México. La mayoría de los grupos de jóvenes que conocíamos irían, construirían una casa y se irían, sin regresar nunca al mismo lugar, iglesia o familia, similar a lo que habíamos hecho en el pasado. Dios nos dio una visión diferente. Quería encontrar una comunidad o un orfanatorio donde pudiéramos construir una relación a largo plazo por mucho tiempo.

A través de conocidos escuché sobre una pequeña comunidad al norte de Ensenada, México. Mi esposa y yo hicimos un viaje de exploración y visitamos varios ministerios en el área. Nos impresionó la intencionalidad de los ministerios y las asociaciones que tuvieron con la comunidad local. Después de buscar la guía, la escucha y el aprendizaje de Dios, decidimos que esta era la comunidad donde íbamos a echar raíces. Nuestro primer viaje fue en 2006 con 19 estudiantes de preparatoria y 5 adultos; volvimos unos meses más tarde con familias de mi iglesia. Al año siguiente volvimos, quedándonos en el mismo orfanatorio y el tamaño del viaje se duplicó. Cada año los estudiantes regresaron por tercera, cuarta, quinta vez y trajeron a sus amigos. No solo mi esposa y yo comenzamos a desarrollar una relación a largo plazo con el orfanatorio, los ministerios locales y la comunidad, sino que también lo hicieron los estudiantes y los líderes. En 2010, mi esposa y yo lanzamos nuestra organización sin fines de lucro Be2Live, en respuesta a la guía de Dios y al deseo de ser más intencionales para apoyar y desarrollar asociaciones en el Área de la Bahía de California, México y Ghana.

Los primeros años cometimos muchos errores, desde manejar como locos en el lecho del río que atraviesa la comunidad, hasta no respetar algunas de las reglas que el orfanatorio le pedía a nuestro grupo, o tomar fotos de la pobreza de las personas en una especie de turismo de la pobreza. Algunas cosas de las que realmente no sabíamos, pero principalmente pensábamos de manera egoísta y no estábamos considerando las necesidades más profundas de la comunidad. Es vergonzoso admitir que nos veíamos más como los salvadores de esta comunidad y de las personas para las que estába-

mos haciendo proyectos. No consideramos lo que estábamos haciendo o cómo nuestra presencia en la comunidad los afectó no solo a
ellos, sino a nuestro grupo y nuestra perspectiva sobre el servicio. No
nos dimos cuenta de los matices culturales que un grupo como el
nuestro trajo a una comunidad.

Sin embargo, estábamos comprometidos con una relación humilde a largo plazo y, a través de eso, pudimos navegar por nuestros
errores, hacer correcciones y aprender cosas que no sabíamos cuando comenzamos. Debido a este compromiso con la relación, seguimos regresando, haciendo preguntas y escuchando comentarios, los
ministerios y organizaciones con los que trabajamos con amor y lentamente nos revelaron cómo podríamos hacer mejor nuestro trabajo.
Y lo loco es que también les ayudó a evaluar cómo se ve un ministerio y asociaciones efectivas en su área. Lo que aprendimos vino de
solo estar presente, escuchar y tener un deseo de aprender. Muchas
veces lo que aprendimos fue el resultado de errores que otros grupos
estaban cometiendo. Nuestra postura creció como aprendices y
oyentes. Dejamos de vernos a nosotros mismos como salvadores,
pero como socios en la vida con aquellos que conocimos.

A medida que ampliamos nuestras asociaciones con otros ministerios, nos conectamos con un ministerio joven en el antiguo basurero de Tijuana. Su propósito era ayudar a cubrir las necesidades de
emergencia de las personas. Una de las primeras cosas que nos invitaron a hacer fue caminar alrededor de la comunidad, entregar suministros básicos a las familias y orar con ellos. Fuimos guiados por
lugareños de la comunidad a sus vecinos en necesidad. Mientras caminábamos y conversábamos, comenzamos a comprender mejor la
comunidad y sus necesidades. Cuando empezamos a ir, la gente nos
saludaba en la calle pero nunca pedía nada. Con el tiempo, notamos a
más personas que gritaban a nuestro grupo: "Oigan, oren por mí y
visítenme". Mientras permanecíamos presentes, escuchábamos, hac-
íamos preguntas y observábamos con el tiempo, decidimos con los
líderes que caminar por el vecindario repartiendo comida no era lo
más eficaz que nuestros grupos pudieron hacer. Se desarrollaron pocas relaciones recíprocas, como lo fuimos nosotros, el grupo esta-

dounidense, entregándoles comida a los mexicanos. No se sintió bien, y hubo un cambio en la comunidad a mientras más grupos vinieron a visitarnos durante varios años. La gente se dio cuenta de que en los veranos no tenía que ir a buscar trabajo, ya que los estadounidenses venían. Esto rompió nuestros corazones, sabiendo que nuestras buenas intenciones ayudaron a moldear esta mentalidad, sin querer hacerlo.

Encontramos formas de apoyar al ministerio más detrás de escena, así como dar recursos y apoyo a los comedores locales que administraban los lugareños para que tuvieran lo que necesitaban para continuar. Comenzamos a explorar formas nuevas y diferentes en las que podríamos servir más eficazmente en la comunidad juntos porque nos tomamos el tiempo para hacer preguntas, observar y escuchar las necesidades más profundas. Nos tomamos el tiempo para escuchar las historias de la gente en la comunidad de cómo Dios había cambiado sus vidas.

Permitimos que las personas de la comunidad y las personas con las que servíamos nos formaran y nos enseñaran cómo podríamos servir con mayor eficacia. Nos permitimos ser llevados a las necesidades más profundas de la comunidad, no para tratar de resolver el problema, sino simplemente escuchar y descubrir dónde la gente de México nos llevó a servir.

No pasó mucho tiempo antes de que aprendiéramos lo poderosas que eran las historias con nuestro grupo. Una noche invitamos a DJ a compartir su historia. Esa noche sacudió nuestro equipo. Las discusiones que tuvimos después fueron increíbles. Más tarde esa semana, invitamos a otro socio del ministerio a compartir su historia de comenzar una guardería sin costo en la misma comunidad. Las historias del director impactaron las vidas de nuestros estudiantes en formas que no podríamos imaginar. El esposo, junto con sus hermanos y hermanas, creció en un orfanatorio, abandonado por su madre. Su esposa se había graduado de la universidad y estaba en la vía rápida para vivir el sueño americano cuando Dios se apoderó de su corazón mientras servía un fin de semana en un orfanatorio en México. Ella renunció su búsqueda del sueño americano y se mudó a México. Finalmente, conoció a su esposo y, unos años más tarde, abrió una guardería sin costo para mantener a los niños fuera de las calles y orfanatorios. Su historia le mostró a nuestro equipo lo que es posible cuando uno rinde su vida al llamado de Dios.

Venimos ofreciendo labor difícil para ayudar a promover la visión y la misión de cada ministerio para ayudar y alcanzar a su comunidad de manera más eficaz, y ellos ofrecen sus historias, su fe, su perspectiva que cambia la vida. A través de sus historias y relaciones, podemos servirnos mejor y más eficazmente y promover el Reino de Dios.

Como resultado, hemos podido desarrollar una relación recíproca que hubiera sido imposible si fuéramos a diferentes ministerios y ubicaciones cada año.

Relaciones transaccionales consumistas

Vale la pena hacer una pausa para considerar por qué tantas iglesias y ministerios van a diferentes lugares de misiones a corto plazo cada año. Al igual que muchos de los desafíos que hemos discutido con las misiones a corto plazo, es debido a la naturaleza transaccional impulsada por el consumidor del cristianismo estadounidense.

Asistimos a una iglesia siempre que sirva a nuestras necesidades, deseos, y lo que nosotros queremos. Evaluamos consciente o inconscientemente la experiencia de adoración. Criticamos el sermón del pastor. Seamos realistas, la mayoría de las personas eligen una iglesia en función de lo que la iglesia puede hacer por nosotros. Mientras la iglesia cumpla con las necesidades y expectativas del asistente a la iglesia (consumidor), continuarán y posiblemente donarán (transacción) a la iglesia. No existe una relación significativa, solo satisfacemos nuestras necesidades de hambre y pagamos por lo que experimentamos. La "iglesia" trabaja para mantener a un cliente a través de programas modernos, mensajes relevantes y una experiencia de adoración que la gente disfrutará. Es estrictamente una relación transaccional consumista. No de qué se trata la iglesia o el ministerio.

Por supuesto, es importante para nosotros encontrar un lugar al que pertenecer, donde se satisfagan nuestras necesidades espirituales, donde se enseñe una buena enseñanza bíblica. Pero cuando alcanza un nivel de relación consumista, es un problema. Necesitamos recordarnos que la iglesia no es solo para nosotros; se trata de las relaciones que tenemos con las personas en la iglesia. Se trata de profundizar nuestra relación con Jesús estudiando las Escrituras y adorándole.

Cuando realizamos nuestros viajes misioneros a corto plazo, podemos llevar con nosotros la mentalidad de una relación transaccional consumista. ¿Escogemos nuestra ubicación debido a las relaciones que tenemos y podemos desarrollar? ¿O elegimos una ubicación basada en ir a ubicaciones nuevas y emocionantes cada año? Un año podemos ir a la República Dominicana y construir casas. El próximo año podremos ir a Appalachia y reparar casas que se han ido desmoronando. Luego, al año siguiente, podremos ir a Guatemala y realizar obras de teatro en el parque y repartir Biblias. Podemos hacer todas estas cosas "buenas". Pero con poca o ninguna relación entre los que van y los que ministran allí a largo plazo, ¿es lo mejor que podemos hacer?

Este modelo de ir a diferentes lugares cada año comunica a nuestros estudiantes y equipos de ministerio que las misiones y el ministerio significan relaciones de corto plazo, transaccionales y de consumo que me benefician a mí, el consumidor. Si nos movemos de un lugar a otro, realizaremos estos viajes únicamente para nuestro beneficio bajo la apariencia de querer servir y amar a los demás. Yo sé que esto suena duro, pero ¿por qué seguimos saltando de un lugar a otro cada año? ¿A quiénes, están realmente ayudando el viaje misionero a corto plazo? Si creemos que un ministerio eficaz en nuestras propias comunidades sucede como resultado de relaciones genuinas a largo plazo, entonces debemos ser constantes en nuestro ministerio y llevar esto adelante a nuestros viajes misioneros a corto plazo.

Crecer más profundo en una relación

Es la naturaleza humana no revelar debilidad, necesidades o heridas. No nos gusta que la gente sepa lo que realmente necesitamos porque tenemos miedo de la vulnerabilidad y el rechazo. No revelamos estas necesidades a menos que sepamos que la otra persona está segura, comprometida con la relación y realmente se preocupa por nosotros. Los ministerios y las organizaciones son iguales; no quieren revelar las necesidades más profundas cuando nos conocen por primera vez. No están seguros si podemos confiar en nosotros o si estamos allí solo durante la semana, solo para irnos y nunca más volver a saber de nosotros. La confianza solo viene a través de las relaciones. Si nos preocupamos por aquellos a quienes servimos, iremos despacio, construiremos relaciones, escucharemos, esperaremos su liderazgo y aceptaremos la tarea que nos ponen.

Muchas veces, las necesidades más profundas de la comunidad tomarán más de una semana para comprender y ayudar a remediar. Aunque no podemos hacer mucho en una semana para remediar los problemas más profundos, al menos podemos ser conscientes de ellos y encontrar formas de acompañar el ministerio durante todo el año, ya sea brindando recursos u orando.

Hay lugares donde parte de los temas más profundos de la comunidad son los grupos misioneros a corto plazo que vienen a la comunidad para servir. La relación comprometida a largo plazo proporciona discusiones honestas sobre los efectos negativos y positivos que nuestros equipos tienen en la comunidad. No sabremos esto hasta que desarrollemos estas relaciones y hagamos buenas preguntas. Estas conversaciones no ocurrirán si solo venimos una vez y luego vamos a otro lugar el próximo año. Las relaciones buenas y eficaces toman mucho tiempo para desarrollarse, y debemos perseverar y ser pacientes.

Habíamos estado visitando un ministerio y una comunidad donde vivían algunos de los más pobres de los pobres. El ministerio nos invitó a traer cajas de comida para visitar algunas personas de la comunidad, brindándoles comida y oración. Nos dividiríamos en equipos y seríamos liderados por miembros que vivían en la comunidad y conocían a las personas necesitadas. Caminábamos por la comunidad de casas de madera contrachapada que estaban cubiertas con lonas para techos, entregando comida y orando por las familias. Esta fue una gran experiencia para nuestro grupo, pero algo se sintió mal. Para nosotros, no nos parecía bien que los "que tienen" dieran algo a los "que no tienen". La experiencia se sintió más como un turismo de pobreza que en realidad ayudando. No se sintió dignificando a las personas que visitamos. Así que dejamos de ir por un tiempo hasta que descubrimos cómo hacerlo de manera diferente.

Habíamos llegado al punto de amar a este ministerio y a las personas que conocíamos de la comunidad, pero queríamos encontrar una manera en que pudiéramos servir de una manera más digna y honrosa. Nos sentamos con el director del ministerio y compartimos nuestras preocupaciones y creamos un plan diferente. A través de nuestra relación, comenzamos a encontrar mejores formas de servir la comunidad. Aunque no fue perfecto, se movió en una dirección más saludable. Comenzamos a hacer proyectos de mantenimiento de las casas, a suministrar agua potable, a servir comidas en una cocina local, y a proporcionar alimentos para que el ministerio los distribuya entre las personas de la comunidad. Nuestros fondos pagan para que alguien de la comunidad trabaje con nosotros, mantenga la cocina abierta para las personas de la comunidad después de que nos vayamos, y mantenga el negocio local del agua abierto por una semana más. Si no fuera por la relación comprometida con la comunidad y el ministerio, no hubiéramos podido encontrar una manera de avanzar que se beneficiara mutuamente.

Personalmente, cuando alguien con el que tenemos poco o ningún contacto entra en nuestro mundo y hace algo que nos ofende, probablemente no digamos mucho porque sabemos que se irá pronto. No compartiríamos nuestro problema más profundo con alguien si supiéramos que solo estuvieron aquí por poco tiempo. Al igual que usted y yo, las iglesias o comunidades anfitrionas que servimos en nuestros viajes tampoco compartirán sus necesidades más profundas. Innumerables grupos misioneros a corto plazo han hecho cosas que han ofendido las comunidades y los ministerios, pero los equipos misioneros a corto plazo ni siquiera lo saben. La comunidad de alojamiento puede no decir nada porque sabe que si solo pueden soportar la semana, el grupo se irá a casa.

Desarrollar una relación recíproca a largo plazo con una comunidad

Esta relación comprometida a largo plazo nos permite comprender las necesidades más profundas de las personas en la comunidad. Comprender estas necesidades nos capacita para ser más eficaces en nuestros viajes misioneros de una o dos semanas. Sabremos cómo abordar mejor los problemas, hacer mejores preguntas y poder escuchar mejor.

Cuando nosotros, como líderes, nos preocupamos profundamente por el lugar donde estamos sirviendo y nos comprometemos a mantener relaciones a largo plazo, la atmósfera del viaje cambia para el mejor. Debido a que nos comprometemos con la relación, las personas de la organización anfitriona se convierten en buenos amigos y ganamos su confianza en nosotros. Los estudiantes y participantes se preocupan más por las personas con las que están interactuando cuando regresan durante todo el año, también entre viajes. Nuestro equipo aprende cómo actuar dentro de la comunidad de una manera que no los ofenda. Debido a la relación, nos acercamos más humildemente a la comunidad. Nuestras iglesias y las personas que traemos con nosotros obtienen una visión más amplia de cómo pueden participar durante todo el año y no solo durante una semana.

Entonces, ¿cómo desarrollamos estas relaciones? Comunicación durante todo el año

La comunicación es la clave para cualquier relación. Pero no solo la comunicación cuando se trata del viaje o la logística. La comunicación con la comunidad con la que usted se ha comprometido durante todo el año es vital. ¿Estaremos allí para ellos, conectados con ellos, o cuidaremos y oraremos por ellos una vez que el viaje haya terminado?

Cuando yo era un pastor de jóvenes en una iglesia local, yo quería establecer una oportunidad de servicio para mi grupo de jóvenes entre el Día de Acción de Gracias y la Navidad. Por supuesto, al no ser un buen planificador en ese momento, yo estaba haciendo estas llamadas unas semanas antes de los días festivos. Mientras llamé a diferentes ministerios y organizaciones en San Francisco y Oakland, no pude encontrar el tiempo disponible para ser voluntario. Todos estaban reservados. Pero me negué a dejar de buscar. Luego le pregunté a una iglesia si había algún tiempo disponible después de Navidad. La persona con la que estaba hablando dijo: "No tenemos a nadie inscrito para ser voluntario unas pocas semanas después de Navidad. Todos quieren servir entre Acción de Gracias y Navidad".

La persona no dijo esto para darme culpa, sino para darme la realización de que las personas a las que servimos en nuestro viaje de una semana todavía están allí, muchos todavía tienen dificultades y los ministerios aún están trabajando arduamente para satisfacer estas necesidades después de que nos vayamos. Uno de los pensamientos que a menudo se verbaliza en la última noche de nuestro viaje es: "Bueno, mañana volveremos al mundo real". Esta frase me irrita. Sé lo que están tratando de decir, pero el orfanatorio al que sirven es el mundo real para esos huérfanos. La pequeña casa de madera que acaba de construirse para una familia es el mundo real para ellos, y mañana es otro día con las mismas luchas. La familia a la que le dimos comida y por la que oramos todavía estará allí mañana, preguntándose cuándo llegará su próxima comida. Mañana, cuando volvamos a nuestras casas bonitas y duchas de agua caliente, las personas que dejamos atrás continuarán en el estado en que se encontraban cuando las conocimos. Pueden tener una casa ahora, pero muchos seguirán luchando solo para tener sus necesidades básicas. Las iglesias, orfanatorios y ministerios indígenas con los que trabajamos en nuestro viaje continuarán trabajando arduamente, muchas veces por su cuenta, satisfaciendo las necesidades de aquellos con quienes trabajan todos los días.

Aunque vivimos en países separados con necesidades diferentes y vidas diferentes, no debemos olvidarnos de las personas con las que tuvimos contacto mientras servíamos en nuestro viaje misionero. Debemos encontrar maneras de continuar apoyando a los ministerios, organizaciones y personas con las que nos reunimos y trabajamos en nuestros viajes misioneros a corto plazo.

Aquí hay algunas ideas:

- Comprometerse a realizar chequeos mensuales con las personas o los ministerios con los que prestó servicio, preguntando sobre sus necesidades o cualquier petición de oración.

- Encontrar maneras de servir y apoyarlos durante todo el año, no solo durante la temporada de vacaciones o cuando se acerca su viaje.

- Pedirles que también oren por su iglesia. Orar unos por otros es donde la naturaleza recíproca de su relación puede crecer y ganar fuerza.

- Cuando sea posible, invitarlos a compartir durante un servicio de su iglesia, ya sea en vivo o grabado. Mantener el ministerio frente a su iglesia de una manera consistente.

Cuando usted informe a su iglesia sobre su viaje, hable sobre las personas que conoció, sus historias, cómo se está desempeñando la iglesia o el ministerio, cómo su iglesia puede continuar apoyándolas, lo que aprendió y cómo creció. Dar una actualización de sus hermanos y hermanas en el campo misionero. No solo hable sobre lo que el viaje significó para usted o lo que hizo. Los resultados estadísticos (decisiones tomadas, Biblias repartidas, etc.) no son tan importantes como las relaciones que usted estableció.

Cuando nos comprometemos a una relación a largo plazo con aquellos a quienes servimos en nuestros viajes misioneros a corto plazo, se desarrollará una relación recíproca. Podremos servirnos más eficazmente, honrarnos unos a otros y respetarnos unos a otros en formas temerosas de Dios, que honran a Dios. No permita que el viaje misionero a corto plazo sea solo una aventura de verano de una semana. Que sea una pieza de un compromiso de una relación a largo plazo.

Medir su impacto

Si nos tomamos en serio el desarrollo de una relación a largo plazo, debemos ser conscientes del impacto negativo que podemos tener en la comunidad a la que servimos, incluso las consecuencias no intencionadas. ¿Usted ha oído hablar de una huella de carbono? Es la medida de cuánto carbono emitimos a la atmósfera individualmente y como una familia. El objetivo de muchas personas es tener una huella de carbono mínima o inexistente para preservar el ambiente.

Del mismo modo, debemos estar conscientes de nuestra "huella del viaje misionero a corto plazo". ¿Qué impacto negativo tiene nuestro grupo en la organización? Uno de nuestros objetivos debe ser dejar el menor impacto negativo posible en la comunidad a la que servimos para que podamos preservar nuestra relación con ellos.

Mi esposa y yo hemos estado casados por casi veinte años. Como la mayoría de los matrimonios, hay una gran curva de aprendizaje para todos los involucrados. Cuando me di cuenta de que Mindy no estaba bien o que tal vez yo había hecho algo que la había lastimado, podía darme cuenta por la expresión de su cara o por qué la atmósfera era diferente cuando ella entró la habitación. Siendo el marido cariñoso y amoroso, le preguntaba: "¿Estás bien? ¿Estamos bien?" Ella me miraba con un ligero disgusto en su rostro y decía: "Todo está bien". En mi mente pensé: "Bueno, le pregunté, y ella dijo que estaba bien, así que todo debe estar bien". Y yo volvía a ver fútbol americano universitario. Mindy quería que preguntara al menos tres veces para demostrar que realmente me importaba. Pero nunca supe esto. Pensé que estaba haciendo lo amoroso al menos preguntando una vez.

Nosotros, como participantes de un viaje de misión a corto plazo, debemos perseguir al anfitrión con nuestras preguntas. No para ser dominante o molesto, sino para desarrollar una relación mejor y más confiable con el anfitrión. Es bueno que el líder del viaje se comunique con el líder anfitrión durante toda la semana y haga preguntas sobre la presencia del grupo. Escucha y no se conforme con la primera respuesta. Si queremos tener una relación sana y en desarrollo con la comunidad anfitriona, debemos perseguirlos.

Aquí hay algunas buenas preguntas:

- ¿Hay algo que deberíamos estar haciendo de manera diferente para que esta sea una mejor experiencia para su comunidad?

- ¿Hay algo de lo que deba estar al tanto de nuestro grupo o de mi liderazgo?

- ¿Loe hemos ofendido accidentalmente a usted, a la iglesia o a la comunidad? Si es así, por favor háganoslo saber.

Estas simples preguntas humildes hechas durante la semana, y antes o después del viaje, generarán confianza en la comunidad anfitriona. Si usted ha ofendido a alguien, aunque no haya querido hacerlo, no tiene nada que decir acerca de cómo se siente el líder anfitrión. Es nuestra responsabilidad, el delincuente, buscar el perdón y hacer cambios, incluso si esto afectará nuestra agenda para el viaje. Recuerda que nuestra relación es más importante que nuestra agenda. También es bueno hacer preguntas similares a la comunidad anfitriona después del viaje. Siempre queremos estar conscientes de nuestro impacto positivo y negativo.

Aceptar el "no"

En nuestra búsqueda de una buena relación recíproca a largo plazo, debemos estar bien cuando la comunidad anfitriona nos diga "no". Podemos tener grandes ideas de lo que queremos hacer en el orfanatorio, la iglesia o en la comunidad, pero si la organización de alojamiento dice "No, eso no funcionará" o "No, no necesitamos ni queremos eso", nosotros, como líderes del viaje, debemos estar bien con su respuesta honesta.

"No, no queremos una EBV". ¡Tal vez sea porque serás el quinto EBV en las últimas cinco semanas!

"No, no queremos un concierto ni una obra de teatro en el parque". Tal vez sea porque la iglesia tiene una visión y un entendimiento diferentes sobre cómo llegar a su comunidad.

"No, no necesitamos acuaponia (o inserte un proyecto especial)". Tal vez sea porque podrían usar esos recursos en función de las necesidades reales de la organización.

Nosotros, como líderes, debemos estar de acuerdo en aceptar su "no" y trabajar para descubrir dónde está la verdadera necesidad para la organización anfitriona. Para aquellos de ustedes que albergan grupos, por favor, díganos "no" si no funciona en su visión, pero luego sugiera qué es lo que espera que hagamos. Sé que esto conlleva un riesgo, pero para que todos podamos buscar el tipo de relación recíproca que queremos, debemos ser honestos entre nosotros.

Como líderes, no debemos ser conocidos como un grupo de alto mantenimiento. Deberíamos querer ser uno de esos grupos que, cuando solicitemos regresar el próximo año, la organización anfitriona espera nuestra llegada. Seamos grupos que traigan alegría cuando nos demos cuenta de nuestra huella en la comunidad y la organización a la que vamos a servir.

Si tenemos el deseo de desarrollar relaciones recíprocas con los ministerios que visitamos en nuestros viajes misioneros a corto plazo, entonces es esencial que nos comprometamos a una relación a largo plazo. No podemos saltar de una organización o país a otro cada año. Al igual que desarrollar cualquier relación a largo plazo, requiere tiempo, trabajo, lucha y compromiso. Habrá éxitos y fracasos, comunicaciones claras y, a veces, falta de comunicación. Habrá profundas alegrías y confusión. Pero en mi experiencia, usted, su iglesia y la organización anfitriona tendrán un mayor impacto en todos los involucrados. Las vidas se cambiarán, las visiones se promoverán, el impacto será más grande y el Reino de Dios se realizará en el proceso. Vaya y haga misiones a corto plazo y desarrolle relaciones recíprocas a largo plazo.

El grano de arena de DJ

En cualquier cultura, las relaciones toman tiempo para construir. Si alguien se muda a una pequeña ciudad en los EE. UU., podrían pasar años antes de que no se los conozca como "el nuevo vecino". Si un pastor nuevo asume una iglesia, necesita ganarse la confianza de su nueva congregación, sin embargo, esto no sucede en una semana o dos. Si usted está en una relación de pareja, sería extraño ser completamente transparente en una primera cita. Se necesita tiempo para confiar en la otra persona y permitir que nuestros muros se derrumben.

Cuando alguien viene a un área por solo una o dos semanas al año, se necesitarán muchos viajes para generar confianza y transparencia. Para que las relaciones se construyan, es necesario demostrar el compromiso y la comprensión. Esto no sucede en una semana, no importa cuán buena sea la semana o cuáles sean nuestros deseos. Las relaciones llevan tiempo.

Sabemos instintivamente que las relaciones de calidad llevan mucho tiempo. Por alguna razón, muchas personas asumen que las relaciones sucederán espontáneamente cuando nos presentemos en una pequeña ciudad en un país extranjero, a pesar de que son nuevas para las personas y la cultura. En nuestro ministerio en México, nos referimos a esto como un ministerio de "golpear y correr". Un grupo puede hacer algo bueno, pero si nunca los vemos de nuevo, el impacto es temporal. Dese cuenta de que para servir verdaderamente a alguien o en algún lugar, necesitamos escuchar, compartir, confiar y construir relaciones a lo largo del tiempo.

CAPITULO 7

El dinero en las misiones

DJ

El dinero en las misiones es un gran tema. Cómo lo recaudamos, cómo lo distribuimos y cómo ser administradores responsables de los fondos limitados que existen. Jesús nos enseñó que donde está nuestro oro, también estará nuestro corazón. ¿Dónde y cómo utilizamos nuestros recursos? Dado que el dinero es fundamental para que se realicen viajes a corto plazo, y porque es fundamental para la diferencia de poder entre el anfitrión y el visitante, cómo vemos el dinero, cómo lo usamos y cómo nos comunicamos sobre él puede hacer o deshacer la base de las relaciones recíprocas

Pocas cosas generan más de una respuesta emocional inmediata que el tema del dinero. Las personas tienen una respuesta natural, profunda y emocional a las finanzas y la riqueza material de este mundo. Jesús enseñó más sobre nuestra respuesta al dinero y al tesoro mundano que a casi cualquier otro tema. Esto es importante para Dios. El joven rico, la parábola de los talentos, los trabajadores en los campos, y más. No hay nada intrínsecamente malo en el dinero, solo tratar con eso es complicado. Uno de los versículos de la Biblia más citados es 1 Timoteo 6:10 que dice que el dinero es la raíz de todo mal. El verso en realidad dice que el amor al dinero es la raíz de todo mal. El dinero importa, pero lo que importa más es nuestra respuesta. Es un gran tema, y tenemos que ser maduros y sabios al respecto.

El dinero es una espada de doble filo. El dinero manejado con sabiduría puede cambiar vidas, comunidades, ministerios y el futuro de los países. El dinero que se maneja mal puede destruir vidas y comunidades. Cada vez que me reúno con directores de orfanatorios o líderes de misiones, siempre surge el tema de la recaudación de fondos. No es por eso que están en el campo, no es su prioridad, pero una realidad de las misiones es que cuesta dinero. Dinero para cuidar niños en riesgo, dinero para alimentar los necesitados, dinero para educar, etc.

El dinero cambia las relaciones en muchos niveles. Si Bill Gates o Carlos Slim Helú entraran a una sala de personas que no conocían, todos los conocerían de inmediato y el tono cambiaría, los comentarios se harían con más cuidado y las reacciones cambiarían. Si una familia es un donante importante en una iglesia, incluso si nadie más que el pastor principal lo sabe, todavía afecta la relación. El pastor puede dar preferencia especial o puede que no se sienta cómodo manteniendo a la familia responsable. A menos que el donante sea muy maduro en su actitud, podría mantener las donaciones sobre el pastor de manera sutil o no tan sutil.

La mayoría de los equipos misioneros a corto plazo son vistos como financieramente ricos, ya sea que se vean como ricos o no. Con solo poder viajar, ya está financieramente en mejores condiciones que la mayoría de las personas en el mundo. Ser visto como rico cambiará la forma en que lo reciben y lo tratan, para bien o para mal. Sea consciente de este cambio sutil que la percepción de riqueza trae a la relación de la misión. "El que tiene el oro hace las reglas" es más cierto de lo que cualquiera quiere admitir. Por eso es tan importante que nos demos cuenta de que nosotros no tenemos el oro, todo es de Dios; simplemente se nos ha confiado el uso para su gloria.

Hace varios años, recibimos a un gran grupo del sureste de los EE. UU. En nuestro orfanato en Baja, México. Nos alegramos de tenerlos, pero este grupo se destacó por razones equivocadas. 30 personas volaron a través de los EE. UU. al sur de California, alquilaron camionetas y condujeron para servir con nosotros durante cinco días. La mayoría de los grupos aportan algún tipo de financiamiento para cubrir materiales para proyectos mientras están con nosotros. Este grupo trajo $ 500 para usar en proyectos y para bendecir nuestro hogar. Apreciamos cualquier donación, pero cuando escuché lo que estaban haciendo los dos días después de que nos dejaron, me pareció extraño. El grupo de 30 viajó tres horas al norte de nosotros para finalizar su viaje misionero y pasar dos días en Disneyland. No hay nada de malo en visitar Disneyland, pero creo que esos dos días costaron al grupo alrededor de $ 9,000 (USD) en boletos, alojamiento y comida. Cuando el equipo estaba recaudando fondos para ir a servir en México, me pregunté, ¿serían transparentes para que los donantes supieran cuánto dinero se gastaría en actividades no misioneras? Incluso si gastaron su propio dinero en los extras para el viaje, ¿es ese el uso más productivo de sus recursos durante un viaje misionero? Hicimos todo lo posible para asegurarnos de que tuvieran un gran viaje, pero parte de la alegría del servicio es dar y bendecir a los demás. Creo que se les puede haber perdido algo de esa alegría.

Hace unos años, mi esposa y yo tuvimos la oportunidad de servir en un orfanatorio en Ghana. Tuvimos algunas conversaciones largas sobre el costo de este viaje. Mi esposa y yo tenemos más de dos décadas de experiencia en la gestión de un orfanatorio muy grande. Sentimos que estábamos trayendo algo de valor a la casa en Ghana y que podríamos tener un impacto sustancial. También sabíamos que costaría alrededor de $5,000 (USD) para nosotros dos hacer este viaje. Tuvimos que decidir cuál sería el mejor uso de esos fondos. ¿Deberíamos pagar con la intención de bendecir ese hogar en las dos semanas que estamos con ellos? ¿O deberíamos simplemente enviarles un cheque por los $5,000? Teníamos la responsabilidad de ser buenos administradores de los fondos que teníamos disponibles. Al final, decidimos irnos, y me alegro de haberlo hecho. Creo que el entrenamiento que les brindamos les ayudó en su recaudación de fondos que terminó generando diez veces más para ese ministerio que gastamos para llegar allí. También decidimos dejar una donación financiera para usarla de la manera que consideren más adecuada. No estoy compartiendo esto para mostrar lo generosos que somos. Estoy compartiendo esto porque creo que es una buena política dejar una donación sustancial con quien sea el anfitrión del equipo a corto plazo. Llámelo "diezmar sus gastos de viaje" si usted lo desea.

Estamos llamados a ser sabios en nuestras decisiones y en el uso de los recursos que se nos han confiado. Nuestra iglesia, y Dios, quieren que aprovechemos al máximo los fondos disponibles para nosotros. Necesitamos buscar organizaciones saludables donde sea que estemos sirviendo. Las organizaciones con las que nos asociamos necesitan tener un alto nivel de responsabilidad, un historial de trabajo productivo y una demostración de la administración responsable de los recursos disponibles para ellos. Todos necesitamos que otros nos guíen y nos ayuden a ser los mejores y más impactantes que podamos ser. Estas intenciones, conversaciones y acciones claras sobre el dinero nos permiten eliminar las barreras que hacen difícil, si no imposible, fomentar una relación verdaderamente recíproca.

Selección de su anfitrión: una perspectiva financiera

Para sentar las bases de su relación, trabaje con una organización saludable en el país o área en la que se sienta motivado a servir. Ellos conocen a la gente, conocen las necesidades y conocen el impacto y el daño potencial de los grupos visitantes. Una organización de alojamiento saludable también lo ayudará a aprovechar al máximo los fondos que tiene disponibles. Su salud financiera también les permite interactuar más genuinamente, con franqueza y reciprocidad, no impulsados por la deferencia o la necesidad abundante.

Entonces, ¿cómo puede usted seleccionar una organización saludable? Nunca subestime el poder del discernimiento orante y guiado por el Espíritu, pero hay algunas cosas comunes a la mayoría de las organizaciones financieramente responsables. Es una buena idea buscar lo siguiente:

¿Hay transparencia financiera?

Si los líderes de la organización están dispuestos compartir acerca de sus flujos de ingresos y cómo están administrando los fondos, es una buena señal. Las personas son más parecidas de lo que queremos admitir. Una señal de alerta común es cómo responde alguien cuando surge la cuestión de los recibos o la rendición de cuentas. No puedo decirle cuántas veces he escuchado a los directores del orfanatorio decir: "¿Qué ocurre? ¿No confía en mí?" No es una cuestión de confianza; Se trata de ser buenos administradores de recursos. Al buscar la transparencia financiera, como todas las áreas del ministerio, sea consciente de las diferencias culturales. Algunas culturas son mucho más privadas con este tipo de información. Encontrar el equilibrio de empujar los límites culturales mientras se busca la rendición de cuentas debe ser sutil. Puede trabajar para crear confianza, pero tenga en cuenta que esto lleva tiempo, más de lo que probablemente tenga en un viaje corto. Descubrí que el hecho de envolver preguntas útiles en el servicio les abre algunas puertas, y realmente quiero atenderlas. "Oye, hago mucha recaudación de fondos, ¿qué ha encontrado que funcione? ¿Ha tenido mejor suerte con la financiación a través de individuos, iglesias u otras organizaciones?" Estas son preguntas honestas, y no está siendo manipulador si honestamente quiere aprender y ayudarles con su ministerio.

¿Cómo está viviendo la gerencia?

Si el liderazgo local está viviendo sustancialmente por encima de las personas a las que ellos están llamados a servir, esto habla a su corazón. Si un director de orfanatorio en Sudáfrica tiene una casa grande rodeada de dormitorios tristes y en malas condiciones, ¿dónde están sus prioridades? Si el pastor local al que está sirviendo en México maneja un nuevo SUV, y las personas a las que atiende están caminando o conduciendo autos destrozados, ¿qué está demostrando eso? No estoy diciendo que los misioneros o pastores no puedan tener bonitas cosas, pero es necesario que haya un equilibrio. No estoy diciendo que todos los misioneros deben de vivir en la pobreza extrema, pero como en cualquier área, necesitamos sabiduría. Si un pastor en los Estados Unidos está manejando un Mercedes cuando todos en su iglesia conducen un Chevrolet, se ve y se siente mal. ¿Dónde están poniendo su oro?

¿Cuáles son las prioridades organizativas?

¿Es la organización con la que usted quiere trabajar sirviendo al Reino o su reino? Si un cristiano solo le preocupa su propia condición, su propia comodidad, su propio bienestar, eso habla de su madurez. Lo mismo ocurre con cualquier organización de misiones. Cualquier organización debe preocuparse por su comunidad. Si una iglesia solo se preocupa por las personas dentro de sus cuatro paredes, no es una situación saludable. Si un orfanatorio solo se preocupan de los niños directamente bajo su cuidado, pero no de los niños en riesgo en su área, no es una situación saludable. ¿Dónde está su anfitrión potencial poniendo sus esfuerzos? ¿Dónde están gastando su tiempo? ¿Dónde están gastando sus recursos? Un gran indicio de una organización saludable en el campo es si tienen o no una red saludable con otros misioneros, iglesias y organizaciones que trabajan en su área. Si usted va a servir en una organización y el proyecto es pintar la misma pared una y otra vez, es un problema. Están ignorando las necesidades de la comunidad. Una organización tiene la responsabilidad de ser un buen administrador de todos los recursos, no solo financieros. Si usted se presenta con un equipo de 20 personas y solo están haciendo trabajos para mantenerse ocupados, la organización está perdiendo una oportunidad. Cada ciudad tiene familias necesitadas, escuelas que necesitan construcción, y más; Hay oportunidades ilimitadas para servir. Si usted le pregunta a su anfitrión acerca de visitar otra organización y el liderazgo lo desalienta, o parece ofendido, eso también muestra a qué reino están sirviendo: su reino o el Reino de Dios.

¿Es el ministerio con el que me estoy asociando solo para sobrevivir?

Vaya a donde la necesidad sea mayor, pero piense detenidamente antes de asociarse con un ministerio que tenga mayor necesidad en esa área. Nuestra respuesta natural es ayudar a los más necesitados, pero esto no se aplica ni debe aplicarse a los ministerios más necesitados que prestan servicios en un área. Cuando usted selecciona una iglesia, observa muchos criterios: teología, cultura de la iglesia, su enfoque de la adoración, su corazón para las misiones. Usted no elegiría asistir a una iglesia y apoyarlos con sus diezmos, su energía y su tiempo simplemente porque era la iglesia más necesitada y más pobre de su área. Los mismos estándares deben aplicarse cuando elegimos dónde vamos a gastar nuestro tiempo, recursos y talentos en el campo de la misión. Pongámoslo de otra manera: usted está pagando por un servicio. Está utilizando sus fondos para que el anfitrión de la misión le brinde alojamiento y quizás lo alimente. También les está confiando su dinero para usarlo de la manera más efectiva posible para el Reino. Si usted estuviera buscando gastar dinero en un restaurante en su ciudad para proporcionar una comida para un pequeño equipo de su iglesia, ¿cuál elegiría? ¿Usted buscaría el restaurante al que nadie va y está desesperado porque los negocios traten de ayudarlos? ¿O iría a un restaurante con una fila afuera porque saben lo que están haciendo y todos tienen una gran experiencia? Usted quiere asociarse con personas que lo están haciendo bien.

Ninguna organización es perfecta, pero si su organización receptora se encuentra en un estado de necesidad financiera constante, no tiene un historial establecido de frutos sanos a nivel local y le oculta información, podría haber un problema. Pasar tiempo y dinero durante una semana al año no los convertirá repentinamente en líderes maduros responsables que sean buenos en lo que hacen. Usted solo es tan bueno como las personas con las que se asocia en cualquier esfuerzo. Elija sabiamente.

La riqueza es relativa

Así como no es prudente asociarse financieramente con una organización que no es financieramente estable, no es prudente dar dinero a las personas más necesitadas. ¿No le da dinero a los más necesitados? ¡Pero ese es el punto de partida! Sé que uno de sus muchos objetivos es ayudar a las personas que lo necesitan, pero es importante que usted lo haga con prudencia.

Tener demasiado dinero es tan malo como no tener suficiente. Sé que esta frase va en contra de todo lo relacionado con nuestra cultura estadounidense, donde más dinero siempre se considera algo bueno. Pero a menos que las personas que reciben el dinero sean maduras en su enfoque y cómo usarlo, causarán mucho más daño que beneficio.

Dependiendo de dónde usted se encuentre en el mundo, o de dónde se encuentre en la vida, diferentes cantidades de dinero pueden significar cosas muy diferentes. Si usted está en el sur de California, $40 (USD) puede significar una cena para dos en un restaurante de gama media. Si usted está en un país subdesarrollado en África, $40 (USD) podría ser un ingreso de un mes. Entregarle a alguien $100 (USD) en un país en desarrollo puede ser una gran bendición, o puede complicar sus vidas tremendamente al causar celos entre sus familiares y amigos, al darles una falsa sensación de seguridad, tal vez incluso abrir la puerta a tentaciones que no estaría disponible para ellos de otra manera. Dinero es poder. Úselo sabiamente y entréguelo a otros en cantidades y formas que los ayuden a usarlo sabiamente.

Un ejemplo de un mal uso de los fondos es entregar dinero a los niños que mendigan en las calles. Estoy seguro de que esta opinión va a ofender a algunas personas, pero viene de años de experiencia. La necesidad puede ser real, pero muchos niños en la mayoría de los países están entrenados para mendigar desde una edad muy temprana y con frecuencia se los mantiene fuera de la escuela, por lo que pueden pedir dinero a los turistas y los equipos misioneros. Al darles dinero directamente, usted podría estar ayudando a su familia hoy, pero a largo plazo está alentando a los niños a que se queden fuera de la escuela y creen un estilo de vida de mendicidad en lugar de trabajar para seguir adelante. Al administrar un orfanatorio grande, es común que atendamos a niños que han estado en las calles, y muchos de ellos tienen experiencia en el arte de rogar por el cambio suelto de los visitantes estadounidenses. Les lleva mucho tiempo enseñarles no recurrir a sus viejos hábitos de mendicidad. Pero con el tiempo, a medida que sus energías pasan de la mendicidad a las monedas para el trabajo escolar, las actividades deportivas y más, todo su comportamiento y personalidad comienzan a cambiar a medida que crece su autoestima. Se mueven lentamente de los rostros bien ensayados, tristes y patéticos para manipular a los estadounidenses, a rostros de orgullo por lo que están logrando.

En gran parte del mundo donde las misiones a corto plazo son comunes, o donde hay grandes cantidades de turistas estadounidenses, muchas personas e incluso organizaciones son increíblemente talentosas para saber cómo tocar los sentimientos del corazón y manipular el nivel de donación. Todos hemos escuchado historias de organizaciones en Haití u otras naciones de la mayoría que usan fondos o simplemente ponen un espectáculo para los visitantes. Todos hemos escuchado, o hemos estado en, los "recorridos por la pobreza". Yo conozco algunos orfanatorios intencionalmente mantienen sus instalaciones en ruinas y deprimidas solo con el propósito de manipular a los donantes estadounidenses. Hay algunos orfanatorios que hacen que los niños se pongan su ropa más desaliñada si saben que visitantes van a venir.

Me informaron sobre una organización en Guatemala que completamente financió un edificio escolar tres veces; simplemente cambiarían la placa de dedicación en el edificio dependiendo de qué grupo de financiamiento estaba visitando. Conozco una directora de un orfanatorio en México que siempre deja una ventana rota porque sabe que muchos de los estadounidenses que camina por las instalaciones le darán $50 (USD) para reparar la ventana. Hay muchos orfanatorios bien administrados y profesionales, pero esos pocos corruptos pueden echarlo a perder para todos los demás. Las apariencias engañan. Dar sabiamente

Las relaciones: una inversión sabia

Hemos hablado extensamente sobre no entregar dinero a los más necesitados. Entonces, ¿qué se supone que debemos hacer? Asóciese con un misionero u organización en el campo que sepa cómo ayudar y a quien. Si usted habla con alguien que administra un refugio para personas sin hogar, lo primero que le dirán es "Por favor, deje de entregar dinero directamente a las personas en las calles". Llene la necesidad directamente (difícil de hacer) o dona a un refugio para personas sin hogar con una historia de hacer un buen trabajo.

Al elegir trabajar con alguien que conoce el área, las familias y la comunidad, pueden dirigirlo a las personas que realmente pueden usar la ayuda a corto plazo que está allí para brindar. Esa persona conoce a la familia con un padre sin trabajo; conoce a la familia con el niño en el hospital; conoce la escuela que está desesperada por más escritorios; conoce al estudiante que necesita solo un mes más de becas para graduarse. Al trabajar con un experto local, puede ser guiado a tener el mayor impacto con los fondos limitados y el tiempo que tiene, donde sea que usted esté sirviendo.

También considere usar la guía local como un conducto si usted está repartiendo fondos porque no hay tiempo real para crear una relación con la persona que recibe. Si el misionero local está trabajando junto con los visitantes, ellos saben cómo dar y siguen respetando la dignidad de la persona que recibe los fondos. Puede ser degradante e incómodo tener a un grupo de estadounidenses alrededor mientras una familia pobre recibe dinero en efectivo; Esta es la manera equivocada exacta de bendecir a una familia. Como vimos anteriormente en este capítulo, el dinero cambia las relaciones. Por favor da de una manera amable, amorosa, y sensible. Da, pero da sabiamente.

El impacto de su dinero

Después de todas estas señales de alerta, es fácil preguntarse si invertir en misiones a corto plazo es una buena idea, pero con un poco de reflexión, discernimiento y comunicación, el dinero que los grupos gastan para viajar y el dinero que invierten durante su viaje pueden cosechar grandes dividendos.

Misiones es una inversión financiera en el equipo.

Se ha escrito mucho acerca de que las misiones a corto plazo siendo una manera pobre de administrar recursos. Los grupos gastan decenas de miles de dólares en viajes y alojamiento de forma regular. ¿El dinero que se gasta en viajes puede ser utilizado más eficazmente por las organizaciones o los misioneros que albergan grupos? Tal vez, pero es raro que una iglesia u organización enviaría este nivel de financiamiento al campo sin que un equipo salga también. También es raro encontrar una persona que trabaje tanto para recaudar dinero para una organización misionera como para hacer su propio viaje misionero. La experiencia es importante.

Necesitamos ver el valor intrínseco de las misiones a corto plazo. Las misiones a corto plazo cambian la vida de los individuos en los equipos misioneros. Tal vez no el 100% de la noche a la mañana, pero los días y las semanas que pasamos en el campo pueden y deben convertirse algo que inspire en las vidas de las personas.

La mayoría de las personas que realizan viajes misioneros a corto plazo no participarán en misiones de tiempo completo, al igual que la mayoría de las personas que entran a una iglesia no irán al ministerio a tiempo completo, pero la iglesia tiene un valor tremendo. Un domingo en una iglesia probablemente no cambiará fundamentalmente a alguien. Asistir la iglesia como miembro activo a lo largo de los años puede tener un efecto acumulativo para cambiarnos y acercarnos más a Dios. Hacer ejercicio una vez probablemente no nos ayuda mucho, pero un hábito continuo de ejercicio regular y nutrición nos cambia para mejor. Las misiones a corto plazo pueden ser el equivalente de entrenamiento para un triatlón espiritual. Una semana en Haití o México o China puede tener un mayor impacto en alguien en su caminata espiritual que una década de domingos por la mañana. Este es dinero bien gastado. ¿Cuánto vale nuestro crecimiento espiritual?

La ruta estándar para muchas personas en los Estados Unidos es pasar años y cientos de miles de dólares para obtener un título universitario. Pocas personas terminan trabajando en el campo de su carrera. Un título universitario se considera que vale la pena el gasto debido al efecto de ampliación que tiene sobre los estudiantes y las puertas que abrirá en sus vidas. Un título es más que las clases. Un título es la experiencia acumulada de cuatro años exponiéndose a nuevas ideas y experiencias culturales. La mayoría de la gente considera un título universitario como dinero bien gastado. Las misiones a corto plazo son mucho más que los pequeños proyectos realizados o el tiempo dedicado a compartir un EBV. Un viaje misionero a corto plazo es una educación en sí misma. Las personas en un viaje misionero están expuestos a nuevas culturas, nuevas ideas y una nueva forma de ver el mundo. El viaje comienza a suavizar el excepcionalismo estadounidense que la mayoría de nosotros tenemos.

Es una excepción rara encontrar a alguien en misiones a largo plazo que no haya comenzado en misiones a corto plazo. Es el primer paso hacia el campo misionero que planta la semilla, que muestra las necesidades en el mundo y demuestra a las personas la alegría de servir y alcanzar a los demás.

Los cambios pueden ser difíciles de cuantificar, pero la gran mayoría de las personas que experimentaron misiones a corto plazo de manera saludable son cambiadas. Se referirán a su semana en África o Haití o México como una de las bases de sus vidas. ¿Cuál es el valor de eso? ¿Cómo se puede poner un precio a una vida cambiada, una vida más satisfactoria, una vida más impactante?

Las misiones financian a los misioneros y su trabajo.

Si una organización receptora o un misionero es honesto, una de las razones principales por las cuales los grupos anfitriones es la financiación. Probablemente esto no era lo que tenían en mente cuando entraron en el campo misionero, pero la realidad es que albergar grupos ayuda mucho a financiar organizaciones misioneras en todo el mundo. Los grupos pueden ser una gran bendición, y al mismo tiempo pueden ser una tremenda cantidad de trabajo. Las horas dedicadas a correos electrónicos y llamadas telefónicas a prepararse para el equipo, las horas dedicadas a coordinar el transporte y los proyectos, las horas compartidas con el equipo una vez que llegan, les quita tiempo a cualquier llamada que el misionero pueda tener en ese país. Eso está bien, siempre y cuando todos estén en la misma página y el equipo visitante esté agradecido y haga todo lo posible por bendecir al anfitrión y al ministerio tanto como sea posible. Nuestra esperanza es que, como sea que el grupo está sirviendo, están enfocados en asistir honestamente el trabajo de la misión o misionero en el país, y vale la pena el tiempo que el anfitrión dedica a prepararse para el equipo. Por favor recuerde, su anfitrión también tiene que pagar las cuentas. Los grupos anfitriones ayudan a las misiones a permanecer abiertas.

Si el grupo promedio gasta $20,000 (USD) para llegar a un lugar, pero terminan dejando una donación de $2,000 o $3,000 (USD) para usar en el ministerio, ese es el dinero que el ministerio probablemente no habría recibido. También hay muchas otras formas en que los grupos a corto plazo pueden ayudar a financiar misiones a largo plazo. Como en cualquier organización, iglesia o negocio minorista, cuanta más gente pase por la puerta de su casa, mejor será su desempeño financiero. Si usted es dueño de una tienda de ropa, sabe que un cierto porcentaje de las personas que entran comprarán algo. Si usted es dueño de un restaurante, sabe que la persona promedio podría gastar entre $30 y $40 (USD). Si usted pastorea una iglesia, sabe que un cierto porcentaje de visitantes volverá y un cierto porcentaje de visitantes donará. Cuantas más personas reciba una organización, mejores serán los ingresos. Las organizaciones de misiones son de la misma manera. Saben que mientras más personas escuchen y vean la misión, más personas elegirán donar con el apoyo continuo. Algunas personas realmente captarán la visión, irán a casa y organizarán actividades para recaudar fondos o encontrarán otras formas de apoyar el trabajo en el campo. Es un juego de números con recaudación de fondos: si más personas visitan, más personas patrocinarán a los niños, apoyarán a largo plazo y encontrarán formas creativas para impulsar el ministerio.

Si el misionero está en un lugar saludable, no se trata del dinero. Nuestra esperanza es que el misionero esté entusiasmado de verlo a usted de cualquier manera y este emocionado compartir su trabajo y llevarlo a una experiencia misionera que le cambiará la vida. El lado del dinero es solo parte de la meta, pero es una realidad en cualquier ministerio u organización. Todo el mundo tiene que pagar las cuentas.

La financiación de las misiones puede transformar las comunidades.

Al investigar este capítulo, pasé un tiempo con varios adultos jóvenes que crecieron en nuestro orfanatorio y ahora viven solos. Pasé tiempo preguntándoles sus opiniones y sentimientos acerca de los cientos de equipos misioneros a corto plazo que han experimentado. Se convirtió en una larga conversación, casi toda positiva. Una de las cosas que discutieron entre ellos fue el gran impacto económico que las misiones a corto plazo han tenido en nuestra comunidad.

Somos un pueblo bastante pequeño, alrededor de 3.000 personas. En nuestra comunidad hay dos orfanatorios, una gran clínica gratuita, centros de rehabilitación para hombres y mujeres y un centro de cuidado infantil gratuito. Todos estos ministerios son apoyados por y a través de los equipos misioneros de corto plazo que vienen y visitan nuestra comunidad. Muchos de los restaurantes, tienditas, ferreterías y más están abiertos hoy y están respaldados por el gran volumen de equipos a corto plazo que vienen a servir en nuestra área. Colectivamente, más personas están empleadas en nuestra ciudad, ya sea directa o indirectamente, a través de misiones a corto plazo que cualquier otra "industria" en nuestra área. ¿Es esta la norma para la mayoría de las comunidades? No, absolutamente no, pero en áreas con menos equipos que visitan, los equipos que van pueden tener un impacto aún mayor. Al comprar alimentos, materiales de construcción y cualquier cosa que su equipo pueda necesitar localmente, usted está generando empleos y bombeando a la economía local con fondos nuevos que de otra manera no verían. Hay una razón por la que todas las ciudades de América luchan por negocios de convenciones: las personas que viajan a un área traen efectivo y pueden impulsar la economía local.

Algunas personas plantean el argumento de que los equipos misioneros a corto plazo pueden ser perjudiciales para las economías locales al tomar trabajos que la gente local podría hacer. Entiendo eso perfectamente, pero si los equipos se administran correctamente y se asocian con ministerios sólidos en el terreno, el impacto puede y debe ser positivo. Nosotros, y muchas otras organizaciones responsables, nos esforzamos por asegurarnos de que los proyectos en los que trabajan los grupos no le estén quitando empleos a la comunidad local. Los proyectos pueden estar orientados a aumentar las oportunidades de trabajo a través de asociaciones saludables.

Dirigimos un ministerio de construcción de casas aquí en nuestro pueblo en México. Estas son casas muy bonitas, alrededor de 600 pies cuadrados con electricidad completa. Estas casas cuestan alrededor de $8,000 (USD) para construir. Las familias que reciben estos hogares están bien examinadas y son realmente necesitadas; Les llevaría años construir una casa, pero podemos bendecirlos con una en aproximadamente una semana. A primera vista, es fácil decir que los equipos que vienen están robando trabajos de construcción a la comunidad local. Sin embargo, sabemos que estos proyectos de viviendas están agregando empleos a la comunidad local. La familia promedio que recibe estas casas nunca podría contratar a los trabajadores que necesitarían para completar la construcción. La construcción simplemente nunca sucedería. La familia trabaja junto con el equipo visitante, y usamos parte de los fondos para contratar a otros locales para que trabajen a la par, y esto crea empleos que de otra forma no existirían. También trabajamos arduamente para comprar todos los materiales de construcción localmente en las ferreterías de la comunidad, y los $8,000 (USD) que se gastan en una pequeña ferretería local tienen un gran impacto en sus ganancias y en su capacidad para proporcionar empleos en la comunidad. Cuando se administran correctamente, las misiones a corto plazo pueden tener un impacto financiero profundo y positivo en pequeñas comunidades de todo el mundo. Pero cualquier proyecto debe hacerse de manera correcta y bien pensada.

Hace muchos años, un pequeño país en África tenía una industria próspera de ropa. El diseño, la fabricación y la distribución de ropa proporcionaron trabajos innumerables. En el transcurso de unos pocos años, los estadounidenses bien intencionados comenzaron a enviar grandes cantidades de ropa para regalar. Con el tiempo la industria de ropa fue destruida. Historias como esta son las razones por las que es tan importante trabajar con personas conocedoras en el terreno que conocen sus comunidades y cómo guiar a su equipo. Uno puede destruir fácilmente una economía dando demasiado o de forma incorrecta. Con demasiada frecuencia, la mentalidad es "si tiramos suficiente dinero a un problema, mejorará". A menos que el dinero se use de la manera correcta, puede hacer tanto daño como un área que gana la lotería. Puede parecer una bendición, pero al final destruye.

Hay muchos ejemplos de personas que utilizan los fondos que tienen de una manera que no hace ningún bien o incluso causa daño. El año pasado, un grupo bienintencionado construyó una casa en nuestra área para una madre soltera con dos niños que había perdido su hogar en un incendio eléctrico. En ese mismo fuego la hija quedó gravemente quemada. Cuando el grupo se iba, un caballero vio que la casa estaba siendo alimentada por un cable del vecino (algo que no es raro en gran parte del mundo). Este hombre tan bien intencionado le entregó a la señora más de $1,000 (USD) para usarlo en un medidor eléctrico y tener la casa conectada de manera segura. Esos $1,000 (USD) eran más dinero del que ella había visto en su vida, y ella no tenía la experiencia para manejarlo bien. Dos semanas después, tenía un televisión grande y nuevo, un sistema de juegos y nada más para conectar luz a la casa correctamente.

Si los equipos se enfocan y saben cómo usar los fondos, un impacto positivo a largo plazo es un objetivo alcanzable y puede transformar a las comunidades. Cuando se hacen correctamente, los microcréditos (pequeñas cantidades, $25 (USD), $50 (USD), etc.) para la creación de pequeñas empresas pueden cambiar vidas. A nuestros ojos, estas pueden parecer cantidades triviales, pero en gran parte del mundo pueden aprovecharse de manera espectacular. Por ejemplo, el valor de $25 (USD) de fruta revendida en el mercado local puede generar $35 (USD), y cuando se reinvierte en más fruta, puede convertirse lentamente en un negocio real. Tal vez sea un préstamo de $50 (USD) para que alguien compre una máquina de coser que pueda usar para producir artículos vendibles. Al configurarlo como un préstamo, con pequeños pagos mensuales esperados, no es un folleto y conserva el orgullo y la dignidad del receptor. Asociarse a un programa de micro ahorros con un asesoramiento financiero sólido y aplicable puede cambiar el futuro de una persona o de su familia.

Nunca financiar un ministerio completamente

Sé que esto va a confundir u ofender a algunas personas, pero nunca es una buena idea financiar un ministerio completamente. Usted podría pensar que los está ayudando, pero está creando una dependencia poco saludable, y casi nunca es saludable a largo plazo para cualquier persona involucrada. Nuevamente, poner las relaciones antes que el dinero es la clave para un impacto saludable a largo plazo.

Si una familia adinerada decidiera financiar completamente una iglesia en su ciudad, el pastor o el liderazgo podrían estar encantados, pero a largo plazo simplemente no funciona. Una vez que sale la palabra, nadie más en la iglesia sentiría la necesidad de dar, alejándolos del diezmo como una forma de honrar a Dios. Al no tener que ser un esfuerzo comunitario, los miembros de la iglesia no "posecrían" la iglesia emocionalmente. Con una familia dando todo, ¿trataría de influir en la política de la iglesia y el pastor o los diáconos estarían dispuestos a rechazar la influencia del donante? Eventualmente, si la familia financiadora de repente ya no tuvo dinero, se mudó, murió, o por alguna razón dejó de dar, ¿qué pasaría con la iglesia sin antecedentes de recaudación de fondos o donaciones? Ya que la iglesia está totalmente financiada, es difícil confiar en Dios para la provisión.

Consulté con un orfanatorio donde una sola iglesia de los Estados Unidos financió todo. Fue un buen sistema, y la casa estuvo bien durante unos 20 años. No cobraban casi nada cuando los grupos vinieran y se quedaran; no tenían un programa de patrocinio, ninguna lista de correo, ninguna relación con una base de donantes. Tenían ese muy buen cheque cada mes. Ese cheque estaba financiando todo para el hogar. Con el tiempo, la relación comenzó a volverse un poco tensa y se desmoronó lentamente. La iglesia le dio un aviso al orfanatorio que en un año completo más se estaban retirando (en realidad muy generoso). Después de que terminó el año, se retiraron por completo. El orfanatorio y el hogar sufrieron mucho, ya que un año no es tiempo suficiente para construir una base de donantes. Eventualmente lo lograron, pero no fue fácil. El hogar se había vuelto demasiado dependiente del gran donante. No tenían razón para trabajar por más; no tenían razón para confiar en Dios.

Si usted sinceramente desea que el ministerio que está respaldando crezca y se vuelva saludable; Usted necesita dejar que trabajen para financiar una gran parte de lo que hacen. Si se trata de una empresa de nueva creación, tal vez financie mucho más al principio, pero ellos deben saber que con el tiempo usted se irá reduciendo el dinero. Es posible que necesiten su entrenamiento para aprender cómo recaudar dinero, pero al entrenarlos para que lo hagan ellos mismos, usted los está ayudando más de lo que usted puede comprender. Usted les está ayudando a mantenerse solos. Usted los está ayudando a crecer como un ministerio.

Si usted tiene un hijo, le daría todo lo que necesita para sobrevivir cuando es muy pequeño. A lo largo de los años, si usted es un padre sabio, ayuda a ese niño a aprender a valerse por sí mismo y convertirse en un adulto autosuficiente. Usted (espero) nunca abandonaría a su hijo, pero querría que él se mantuviera solo. Usted no quiere que su hijo dependa financieramente de usted para siempre; simplemente no es saludable para nadie. Usted puede estar allí para emergencias, tal vez ayuda con el pago inicial de una casa, pero si le está enviando a su hijo adulto de 30 años para que viva todos los meses, lo está haciendo mal.

Otra razón para no financiar completamente un ministerio de relaciones exteriores es un poco más sutil. No importa qué tan bien se lleven todos al principio, si una organización de los EE. UU. está financiando totalmente a distancia, si no todos están maduros y conscientes de lo que podría suceder, con frecuencia se desvían del tiempo. El grupo de los Estados Unidos tiende a pedir más y más supervisión. La supervisión y la responsabilidad son normales y necesarias, pero a nadie le gusta que alguien mire por encima del hombro. La supervisión a veces también se puede interpretar como un control excesivo: "Tenemos el oro, así que establecemos las reglas". El líder o misionero en el campo misionero comienza a enfadarse o resentir la intrusión del liderazgo de los Estados Unidos a lo largo del tiempo. "Yo soy el que está en el campo haciendo el trabajo; ¿por qué me dicen qué hacer"? Además, a nadie le gusta ser 100% dependiente de otra persona; empieza a resentirse y se amarga con el tiempo. A menos que sea una relación muy abierta, recíproca y saludable, casi siempre termina mal.

Ninguna iglesia o agencia de financiamiento debe ser más del 20% del presupuesto en curso de una misión extranjera. La financiación total no es buena para la relación, y no es buena para la perspectiva a largo plazo de la misión. Usted puede financiarlos en su totalidad cuando estén empezando, financiar completamente proyectos especiales o de emergencia, pero por favor, ayúdelos a mantenerse solos. Es mejor para todos.

Confiar en Dios; Actuar sabiamente

El dinero es un tema que siempre traerá una fuerte respuesta emocional; eso está bien, es bueno hablar de ello. Lo que se ha presentado en este capítulo es una descripción muy breve. Esperamos que esto ayude a iniciar algunas discusiones en profundidad con su iglesia y los líderes de los equipos misioneros corto plazo. Los miembros de su equipo tendrán fuertes opiniones. Usted enfrentará desacuerdos, ya que todos estamos tratando de ser buenos administradores, creciendo en discernimiento financiero. Ora y busca un buen consejo de las personas que le han precedido, así como de las personas que se encuentran actualmente en el campo. Con la preparación e investigación adecuadas, usted puede tomar decisiones saludables e impactantes con los fondos que tiene disponibles. Estas elecciones construirán y preservará las relaciones con sus anfitriones y sus comunidades.

El grano de arena de Phil

En cualquier momento en que se discuta el dinero y las misiones o el dinero y la iglesia, puede ser complicado e incómodo. No es un error que Jesús haya hablado más sobre el dinero que sobre el cielo y el infierno. Jesús sabía que cuando el dinero está involucrado en nuestras relaciones, ministerio y misiones, cambia la dinámica. Si lo permitimos, el dinero también puede destruir relaciones recíprocas. Por lo tanto, es importante que seamos honestos sobre el tema entre nosotros.

Un área que me preocupa cuando se trata de las iglesias o los ministerios que dirigen viajes misioneros a corto plazo es el dinero que trae para los proyectos. Si usted va a realizar un viaje misionero a corto plazo y desea ayudar con un proyecto de construcción o realizar cualquier tipo de trabajo, proporcione los fondos necesarios para su trabajo. Incluso si son solo $20 (USD) por persona, algo simple puede ser de gran ayuda. Ha habido muchos grupos de viajes misioneros a corto plazo que van a hacer un proyecto pero no traen dinero para la construcción. Si usted no tiene la intención de traer dinero para los proyectos que va a realizar, no vaya al viaje ni busque otra cosa que hacer. Hay muchas posibilidades de que el ministerio al que va a prestar servicios sea limitado en fondos para proyectos, ya que la mayoría de su dinero va a apoyar al ministerio en curso. Muchos de sus recursos se destinarán directamente a atender a las personas a las que ministran diariamente. Financiar el ministerio ya es una tarea difícil, así que por favor ayude trayendo sus propios fondos para el proyecto.

■

CAPITULO 8

Qué preguntar al anfitrión de su misión

DJ

Si las relaciones recíprocas son el eje de un viaje misionero emocionante, es importante establecer una buena comunicación con su anfitrión para generar comprensión y confianza para evitar daños. Seleccionar y establecer una relación con su anfitrión en el país es fundamental para su éxito con un equipo misionero a corto plazo. Hemos dividido el proceso en tres áreas:

1. Aprender y seleccionar su anfitrión

2. Construir una relación con su anfitrión

3. Preocupaciones prácticas de viaje y logística.

En todo esto, recuerde que usted está buscando una relación saludable. Es fácil caer en la mentalidad del consumidor de simplemente encontrar un anfitrión para servir a su grupo. Recuerde que está buscando un socio, donde se trata de una relación mutuamente beneficiosa.

Aprender sobre y seleccionar su anfitrión

En 1953, señor Edmund Hillary era solo un hombre de Nueva Zelanda con un objetivo ambicioso. Él quería ser el primero en escalar el Monte Everest, la montaña más alta del mundo. Estaba en gran forma corporal, era inteligente, tenía fondos profundos, pero no tenía lo que se necesitaría para escalar esa montaña. El necesitaba una guía. Necesitaba alguien que conociera el área, la forma de sortear los obstáculos, qué vigilar. El necesitaba alguien con experiencia en el terreno con todos los escollos y atajos. Encontró a esa guía en un sherpa local llamado Tenzing Norgay. Juntos, señor Edmund y Tenzing lograron lo que nadie había hecho antes: escalaron esa montaña. ¿Cuál es su montaña misionero? ¿Qué tipo de guía necesita usted para llegar a la cima de su montaña?

La importancia de quién le lleva a las misiones, y la relación que usted construya con ellas, no puede ser exagerada. Sin una guía, nos tropezamos, y podríamos encontrar nuestro camino hacia cualquier objetivo que estemos buscando, pero las probabilidades están en nuestra contra. Necesitamos que alguien brille la luz en nuestro camino y nos muestre qué hacer y, lo más importante, qué evitar. Usted está invirtiendo una tremenda cantidad de tiempo, energía y recursos como líder del equipo, como miembros de su equipo y como iglesia. Encontrar el anfitrión y la guía adecuada es fundamental para ayudarlo a ser un buen administrador de todo lo invertido en este viaje misionero. A falta de un término mejor, usted necesita un "conserje de misiones" para ayudarlo a que su tiempo en el campo misionero sea lo más productivo posible y lo ayude a alcanzar sus metas. Sin un buen anfitrión en el campo, es imposible conocer las verdaderas necesidades, los detalles culturales y a quién acudir si algo sale mal. Lo sé, pensar en su anfitrión como un "conserje de misiones" no suena muy recíproco, pero si la actitud del anfitrión es correcta, están en esta relación para servirle tanto como usted quiera servirlo a él. Es solo dar y recibir donde todos están tratando de "servir" al otro y no ser egoístas unos con otros.

Hace unos años estábamos experimentando unas vacaciones de primavera ocupadas. Estábamos albergando tres grupos grandes, y las cosas iban bastante bien. Como es nuestra meta, la mayoría de nuestros grupos estaban sirviendo en la comunidad: trabajando en la distribución de alimentos, construyendo un hogar para una familia pobre, etc. Una mañana, dos camiones se estacionaron y aproximadamente 25 personas salieron. No esperábamos a este grupo, y parecían un poco perdidos. Se alojaban en un campamento cercano y su proyecto de una semana consistía de construir una casa para una familia que habían conocido en un viaje anterior. Resulta que, el día en que llegaron a la familia a la que estaban sirviendo, alguien de su familia extendida falleció y el proyecto de construcción de la vivienda tuvo que ser suspendido. De repente, el equipo de corto plazo tuvo una semana frente a ellos sin planes. Al hablar con los líderes, les pregunté: "Entonces, ¿quién es su anfitrión en el país"? Me miraron como si yo estuviera hablando un idioma extranjero. "Solo venimos para servir. Pensamos que con la construcción de la casa estaríamos bien". Nuestro equipo sabía que necesitábamos salvar a este grupo. Les dimos un recorrido, explicamos nuestro ministerio y les ayudamos a servir el almuerzo y lavar los trastes. Uno podría ver la ola de alivio sobre el líder solo para poder hacer que su equipo haga algo, cualquier cosa productiva. Aunque se quedaron fuera del sitio, regresaron todos los días de la semana y pudimos tener proyectos productivos para ellos; incluso encontramos algunos grandes proyectos para ellos alrededor de la comunidad. Al final de la semana, el líder me hizo a un lado y me preguntó acerca de las fechas para el viaje del próximo año. Experimentaron de primera mano lo importante que es tener a alguien en el campo donde quisieran servir.

Como turista en una ciudad en la que usted nunca ha estado, puede pasear y quizás se encuentre con cosas interesantes. Usted puede obtener una guía, y eso lo llevará a ciertas áreas en las que podría estar más interesado en explorar. La mejor manera de ver una ciudad es encontrar un local que realmente conozca la ciudad, sus matices, y pueda mostrarle las áreas escondidas y los lugares notables que nunca encontraría por su propia cuenta. Por favor encuentra a su misionero local.

Hay iglesias, escuelas, orfanatorios y organizaciones misioneras saludables en todo el mundo interesadas en hospedar su equipo. En mi experiencia, hay muchas más organizaciones que quieren hospedarlo, pero por motivaciones equivocadas o desde un lugar poco saludable.

Las organizaciones anfitrionas son como los ministerios en cualquier lugar, están formadas por personas. Algunas personas geniales, unas pocas personas no tan buenas y la mayoría en el medio borroso haciendo lo que pueden. Considera las iglesias en su ciudad. Es probable que usted visite algunas iglesias antes de decidir dónde aterrizaría. Usted asistió algunos servicios, tal vez habló con algunos de los miembros, tal vez incluso se reunió con el pastor. Usted quería asegurarse de sentirse cómodo y de que sus prioridades, creencias y metas estaban en línea con la iglesia a la que quería unirse. ¿Puede ser cristiano usted sin unirse a una iglesia? Absolutamente. Pero ser un miembro de una iglesia saludable proporciona un ambiente saludable y proporciona la orientación y el apoyo que necesitamos para mantener y crecer en nuestra fe.

Es posible que usted ya tenga una gran relación con una organización, misionero o pastor en el país al que viaje. Si usted se siente bien con quien está sirviendo, fantástico, quédese con ellos. Encontrar un compañero de ministerio estable y confiable es más raro de lo que usted piensa. Continúe trabajando con ellos, respóndalos y continúe construyendo esa relación. Pero si recién está comenzando o quiere ver otras opciones para misiones a corto plazo, aquí hay algunas cosas en que pensar.

Los siguientes no están en ningún orden; no es una lista completa, ni se requieren todas las cualidades para hacer un buen trabajo. Estas son sólo algunas cosas a considerar. Estos pueden ser indicaciones de la actitud y la mentalidad de su organización anfitriona.

¿El ministerio anfitrión está dando frutos?

Esto puede ser difícil de determinar sin establecer una relación primero, pero es un signo básico de buena salud espiritual. ¿Están simplemente sobreviviendo, o están creciendo? ¿Las personas se sienten atraídas por su ministerio o se van y no regresan? Usted solo será tan efectivo e impactante como el ministerio con el que se está asociando en su país de destino. Como su pastor e iglesia deben guiarlo hacia el crecimiento, mantenerlo responsable y cuidarlo, el anfitrión de su misión tiene todas las mismas responsabilidades.

No estoy diciendo que usted no deba ayudar a los más necesitados a donde va; estoy diciendo que debería respaldar y ayudar a los ministerios saludables en el terreno que ya están sirviendo a los más necesitados en esa área. Hay una gran diferencia entre los dos. Usted necesita un "intermediario" de ministerio saludable que pueda dirigir sus recursos y esfuerzos con precisión para ayudarlo a ser lo más impactante posible en el muy poco tiempo que tiene. Honestamente, su equipo probablemente no tendrá un impacto significativo por su propia cuenta en pocos días sin un socio. Si usted lo hace todo por su propia cuenta o con una organización en el terreno disfuncional, no logrará su objetivo. Pero si usted está respaldando y construyendo un ministerio bien establecido, los ayudará a continuar el trabajo mucho después de que se haya ido, y puede tener un impacto a largo plazo.

¿Están construyendo El Reino o su reino?

Como dijimos en el último capítulo, si algún ministerio es saludable, está trabajando junto con otros miembros de la comunidad y buscando formas de llegar más allá de sus muros para servir a otros. ¿Su organización anfitriona tiene buenas relaciones de trabajo con otros ministerios en el área? ¿Están entusiasmados con el envío de grupos para servir en la comunidad o con otros ministerios? ¿Tienen los grupos que albergan que trabajan en los mismos proyectos una y otra vez, siempre que sea su proyecto? Estos parecen ser algunos problemas fundamentales, pero, como en una iglesia saludable, un equipo de alojamiento de misiones saludable busca edificara cualquiera que haga la obra de Dios, no solo su propio ministerio. Todos deberíamos estar apoyando el éxito de otros en el ministerio. No es una competencia, y todos servimos al mismo Jefe. Necesitamos una mentalidad del Reino y necesitamos asociarnos con personas de ideas afines.

Todos podemos conseguir un poco de celoso a veces; es parte de nuestra naturaleza humana. Si su pastor escuchó que estaba asistiendo un estudio bíblico a mitad de semana en una iglesia diferente y le estaba sacando mucho provecho, podría sentir una pequeña punzada de celos o inseguridad. Incluso los mejores pastores siguen siendo humanos. Esperamos que un pastor saludable esté emocionado de escuchar que un miembro de su iglesia está creciendo de cualquier manera posible. Por ejemplo, si usted estaba sirviendo en un orfanatorio y le preguntaron acerca de otros orfanatorios en el área, su anfitrión podría sentirse un poco herido o incluso un poco amenazado por el hecho de que usted podría considerar visitar otro ministerio. Pero si estuviera seguro de su propio llamamiento y realmente quisiera que este fuera un gran viaje para usted y lo más impactante posible, estaría abiertos a que usted visite otros ministerios. No estoy diciendo que esto sea un punto decisivo, pero es algo que tener en cuenta.

¿Tienen un buen "servicio al cliente" y/o hospitalidad?

Sé que esto suena contradictorio con la idea de que no deberíamos tener una mentalidad de consumidor, pero se trata más de comunicación relacional que de ventas. Una buena indicación de cómo ellos lo recibirán es cómo responden a los correos electrónicos. Usted se sorprendería de cuán pocas organizaciones sin fines de lucro o de misiones tienen implementadas buenas prácticas de correo electrónico. Todos están ocupados, por lo que si no contestan su correo electrónico dentro de unos días, envíeles un recordatorio. Si aún no responden, ¿están interesados en hospedar su equipo? Si parece que es una batalla obtener información de ellos para ayudarle en su planificación, lo más probable es que sea igual cuando usted esté frente a ellos. Un ministerio administrado profesionalmente es, lamentablemente, algo raro. La comunicación buena, sana y transpa-

rente es el componente básico de todas las relaciones; en los negocios, en el ministerio, en los matrimonios, siempre se reduce a la comunicación.

Echa un vistazo a la página web del host o la presencia en la web.
¿Están sus redes sociales o sitio web al día? Una vez más, la gente en
los ministerios suele estar abrumada, pero si no ellos pueden encontrar tiempo para mantener su presencia en la web actualizada,
¿tendrán tiempo para usted? Compruebe su sitio web para un sentido
del servicio. Si el sitio web solo trata sobre el trabajo que realizan y
sobre cómo donar, está bien, pero también debería dedicar un espacio significativo para mostrar a las personas cómo visitar, cómo ayudar y qué esperar. Los enlaces a los sitios web también son una
indicación de si ellos están o no trabajando con otros ministerios. Si
todos los enlaces solo llevan a sí mismos, no están verdaderamente
en red ni trabajando con otros ministerios en su área.

Una vez que usted llega a su destino, ¿están listos para usted?

¿Está su vivienda lista y presentable? ¿El líder o miembro del
equipo le da la bienvenida, le ofrece un recorrido y se asegura de que
todo esté bien? Si usted está trabajando en un proyecto, ¿están las
herramientas y los materiales en su lugar y todo listo para comenzar?
Estos son todos los indicios de si el anfitrión tiene el deseo de que
usted tenga un viaje productivo o si solo está buscando su financiamiento.

La pregunta que usted debe hacerse es: ¿Por qué ellos nos hospedan? La motivación para recibir y recibir grupos puede tener muchas
respuestas diferentes, y eso está bien. Motivaciones mixtas son la
norma en cualquier situación. Casi nada es 100%. ¿Quieren ayudarle
en su visión de servir? ¿Quieren que se asocie con ellos para servir a
las personas a las que ellos están llamados a servir? ¿Quieren que este
viaje cambie su vida y sea significativo para su equipo de usted?
También está la pregunta de la que nadie habla: ¿albergan grupos solo
por el dinero y como una forma de desarrollar su apoyo financiero?
No hay nada de malo en que los grupos apoyen al ministerio, es parte
del acuerdo y se espera, pero no debe ser la prioridad principal

cuando se hospeda un grupo. Todos tenemos motivaciones variadas, pero con las organizaciones anfitrionas, como en la iglesia, las prioridades son reveladoras. Esta relación que usted quiere construir va en ambos sentidos; examinar las expectativas y las motivaciones es la clave en ambos lados de la relación.

Muchas organizaciones tienden a caer en la trampa de ver los grupos anfitriones como un mal necesario, algo que temen, pero se rebajan a sí mismos como anfitriones como una forma de financiar el ministerio "real" en el que están trabajando. Su prioridad es usar los grupos para su propio beneficio. Es posible que le reciban a usted y que su viaje esté bien, pero ¿es eso lo que quiere usted? Deben recibirlo porque están apasionados sobre sus experiencias y quieren llevarlo a la profunda alegría del servicio. Todos tenemos necesidades, pero ninguna relación sana debe ser egoísta, solo mirar por su propio interés.

Así que mantenga una mente abierta y sabia mientras usted piensa en una nueva relación. Como cualquier relación, nada es perfecto, pero hay señales de que es la conexión correcta. Usted puede hacer juicios como este todo el tiempo con amigos, participación en la iglesia, citas, etc. Usted necesita hacer el mismo esfuerzo para encontrar un gran anfitrión y construir una relación recíproca saludable con él.

Construir una relación con su anfitrión

Después de que usted haya seleccionado una organización misionera o de alojamiento para comenzar a construir una relación, debe tomar esa primera cita. Ya sea que su equipo de liderazgo visite antes de su equipo principal, una llamada de conferencia por Internet o incluso una llamada telefónica, usted necesita comenzar a construir la relación. Al igual que en la primera cita, uno solo puede conocer a alguien haciendo preguntas: ¿Cuáles son sus esperanzas? ¿Cuáles son sus miedos? ¿Cuáles son sus metas? A continuación, se incluyen algunos puntos de partida para pensar mientras que usted comienza a construir esa relación.

¿Qué le mantiene despierto en la noche?

El fraseo de esto es matizado; es sutilmente diferente de "¿De qué se preocupa"? Hace varios años, me reuní con algunos misioneros de un pequeño país de África. Los líderes de mi equipo y yo buscábamos excavar debajo de la superficie y realmente conocer a esta pareja tan especial que vive para rescatar huérfanos. Cuando le pregunté: "¿De qué se preocupa"? El caballero de Kenia respondió con frases corteses y temas en los que no se preocupaba en absoluto, sino que solo confiaba en el Señor. Esto realmente no nos ayudó. No estoy diciendo que no debemos confiar en el Señor, yo confío en el Señor, pero eso no significa que no me preocupen las cosas de vez en cuando. No significa que no me enfrente a los desafíos en el ministerio.Yo estaba tratando de profundizar y escuchar sobre sus desafíos y los ataques que combate en su ministerio cotidiano. Por alguna razón, cuando cambiamos la pregunta a "¿Qué le mantiene despierto en la noche?" Realmente se abrió. El compartió las luchas financieras, las luchas de corrupción en el gobierno, y su necesidad de un mejor personal y una mejor capacitación del personal. Esto nos abrió la puerta para ayudarnos con la capacitación del personal y dio lugar a algunas grandes discusiones sobre la elección y el mantenimiento del personal en un orfanatorio. No podríamos ayudar con el gobierno corrupto, pero podríamos hacerles saber que entendemos por nuestras propias experiencias. Pudimos hacerles saber que no estaban solos en sus luchas. La pregunta simple, "¿Qué le mantiene despierto en la noche?" condujo a una gran tarde de intercambio de ambas partes cuando nos abrimos y nos conectamos en un nivel mucho más profundo.

De esto se trata el ministerio: conectarse a un nivel más profundo y experimentar esa relación recíproca. Cuando compartimos lo que nos mantiene despiertos por la noche, él pudo ver que aunque veníamos del otro lado del mundo, todos teníamos las mismas luchas. Fue una tarde profunda de unión y aliento. Esa tarde fue el punto culminante del viaje.

Personalmente se, cuando alguien pregunta: "¿Qué necesita y cómo podemos ayudar?" Con frecuencia yo no sé cómo responder. Si preguntan: "¿Qué le mantiene despierto en la noche?" Siempre puedo nombrar algunas cosas. Una de las razones para preguntar acerca de las preocupaciones de un ministerio es que puede abrirle las puertas a su equipo para ayudarlo donde la necesidad es mayor y en áreas que nunca haya considerado. Es posible que su equipo no tenga los recursos o las habilidades para resolver todos los problemas de un ministerio en otro país, pero usted se sorprenderá de lo que escuchará y de las formas en que su equipo podría ayudar. Quizás esta escuela a la que usted va a servir necesite alguna solución básica de problemas de TI o ayuda para configurar un sitio web. Tal vez el orfanatorio con el que usted se está asociando necesita que alguien venga y cubra el mantenimiento básico del automóvil: cambios de aceite, afinaciones, etc. en su flota desgastada de carros. Tal vez la iglesia con la que se está asociando durante una semana necesite desesperadamente una buena persona para establecer o mejorar su sistema de sonido.

Otra razón para preguntarle a un ministerio sobre lo que los mantiene despiertos durante la noche es que les demuestra que usted está buscando una asociación, no solo un lugar donde quedarse. Al hacer esta pregunta, les muestra que usted está preocupado por sus prioridades. "¿Qué le mantiene despierto en la noche"? es una pregunta que es un poco más íntima que preguntar por sus preocupaciones; muestra una imagen de alguien acostado en su cama, mirando al techo con los ojos bien abiertos.

Comunicación, comunicación, comunicación. En este punto de este libro, espero que se entere de hay comunicación en todos los niveles, y eso es lo que hace que las relaciones sean saludables, y esto conduce a viajes misioneros saludables y productivos.

¿Cuál fue el peor grupo que ha tenido?

Cualquiera que sea anfitrión o haya dirigido grupos tiene algunas historias en ellos. Algunas son divertidas, algunas son vergonzosas, otras dan miedo. Esperamos que usted no sea del tipo de grupo que un anfitrión teme. (Obviamente usted no es de un grupo problemático, ¡compró este libro!) Es bueno ser consciente de si mismo y darse cuenta de que está representando no solo su iglesia, sino Dios, su país de origen y, con frecuencia, a la misión que le está albergando. ¿Usted los está representando bien?

Hemos tenido grupos tomar un día de compras, y algunos de los adolescentes regresan con marihuana (lo cual no es legal en donde vivimos). Hemos tenido grupos que disparan fuegos artificiales en la madrugada en un área con peligro serio de incendio. Una vez el ruido de un grupo me despertó de un sueño profundo a la 1:00 a.m., y cuando me levanté para calmarlos, encontré los líderes que tenían una fuerte pelea de malvaviscos alrededor de la fogata. Más de un par de veces, el jefe de la policía local me ha llamado quejándose de un grupo de jóvenes que conducen como locos o que hacen donas en un campo con un camión de alquiler. Estos son ejemplos extremos, pero ejemplos como este suceden con demasiada frecuencia.

Los peores grupos que organizamos son los que simplemente no les importan nada. Están en un viaje solo por su propia experiencia, y sus acciones muestran una falta de respeto por lo que hacemos y por la comunidad y la cultura a la que dicen servir. Para ellos, aunque dicen: "Estamos aquí para servir", sus acciones demuestran exactamente por qué están aquí. No somos más que un lugar para celebrar su campamento de verano y cubrirlo con el título de "misión a corto plazo" para que puedan vender la idea a su iglesia y lograr que la gente la financie.

Comunicación, comunicación, comunicación. Al preguntar sobre los peores grupos de su anfitrión, muestra un interés más profundo en lo que hacen y les permite abrir el telón y compartir las luchas que han tenido con los grupos en el pasado. Al permitirles comunicar sus peores historias grupales, usted no solo aprende qué evitar, sino que también puede ver un poco más en el corazón del anfitrión. Se trata de la relación.

¿Cuál es el mejor grupo que ha tenido?

Para todos los grupos horribles que han hecho misiones a corto plazo, hay muchos más que han hecho grandes cosas y han mostrado corazones y pasión por el país de destino que son realmente sorprendentes. Algunos grupos simplemente lo entienden. Ellos quieren aprender de los equipos anfitriones, quieren crecer, aportan un nuevo entusiasmo y visión.

Al preguntar sobre el grupo ideal que una organización de hospedaje está buscando, puede brindarle a usted una gran perspectiva de cómo configurar su viaje para ayudar de la manera más impactante y verdaderamente ser una bendición para la misión, no un obstáculo. Tal vez la organización puede albergar hasta 50 personas, pero creen que el tamaño ideal del equipo es de alrededor de 20. Tal vez le diga a usted que puede usar cualquier cantidad que se sienta motivado a donar, pero para ser eficaz, el proyecto/alcance/objetivos costará alrededor de $2,000 (USD). Podría ser algo tan simple como pedirle a usted que alquile un camión en lugar de que el ministerio lleve la carga de venir al aeropuerto por usted. Podría decirle a usted que su grupo ideal sería fuera de la temporada; la mayoría de los grupos vienen en el verano o en las vacaciones de primavera para dar cabida a los estudiantes, pero el ministerio de acogida podría realmente necesitarlo en el otoño. Puede ser más difícil lograrlo, pero si en realidad se trata del servicio, es posible que usted deba hacer algunos sacrificios.

Preguntar a su anfitrión sobre los mejores equipos que hayan hospedado puede ser invaluable para guiar a su grupo. Dependiendo de cómo respondan, puede darle una indicación más clara de cómo los grupos han funcionado bien en el pasado para facilitar misiones a corto plazo saludables e impactantes. Lo que es "mejor" puede ser bastante objetivo. Su anfitrión puede estar impresionado con los equipos visitantes que aportan habilidades sólidas de construcción; ellos podrían estar buscando equipos que brinden educación; sus anfitriones pueden omitir las respuestas estándar, pero les animo a seguir presionando. "No, no, ¿cuál es el mejor grupo que haya tenido"" Creo que, si son honestos, lo que hizo que los mejores equipos no tuvieran nada que ver con los proyectos, los fondos o su capacidad para compartir el Evangelio. Supongo que los mejores equipos son los que tienen una preocupación genuina por el anfitrión, la visión del anfitrión y están dispuestos a respaldar esa visión a pesar de cualquier agenda preconcebida que los grupos puedan tener. Ellos están allí para servir. El trabajo de la misión y los equipos de hospedaje pueden ser tremendamente estresantes y desafiantes a diario. Al igual que cualquier relación, los misioneros y anfitriones se sienten atraídos por las personas que demuestran el amor de Cristo.

Para nosotros, los grupos que piensan fuera de lo normal son nuestros favoritos. Tenemos muchos grupos que hacen manualidades, juegan fútbol, quizás hacen una comida para nuestros niños. Hemos visto más piñatas de lo que nadie debería ver en su vida. Hay maneras probadas y verdaderas de ayudar. Todas estas cosas son buenas, pero a veces un grupo saca a alguien del parque. Tuvimos una pequeña iglesia que se acercó a nosotros para probar algo diferente. Entraron y se hicieron cargo de una gran sala de usos múltiples y la convirtieron en un spa. Trajeron velas artísticas, música tranquila, sillas cómodas, tapices y cortinas para su privacidad. Ahora, usted podría estar pensando: "¿Por qué José, de 5 años, del orfanatorio, necesita un spa? Eso es simplemente extraño". Este grupo tenía una visión diferente. Ellos sabían lo que era cuidar a otros a tiempo completo, y sabían que nuestro personal necesitaba un descanso. Llegaron con el objetivo de servir a los cuidadores en nuestra casa. Dieron pedicuras a nuestras cocineras que están de pie todo el día y lo han estado durante años. Dieron manicuras a las damas del cunero que usan sus manos para cambiar docenas de pañales todos los días. Dieron masajes al personal del patio de recreo que necesitan perseguir, recoger y cuidar a las multitudes de niños pequeños todos los días. Para ser sincero, nuestro personal estaba un poco incómodo al principio. El personal no estaba acostumbrado ser atendido de esta manera. Una vez que nuestro personal comprendió lo que estaba pasando, se convirtió en un evento profundo. No es frecuente que uno vea el ejemplo del lavado de pies que Jesús nos da de una manera tan tangible. El spa sucedió hace años, pero nuestro personal todavía habla de ella. Ellos no gastaron mucho dinero, no levantaron un edificio, pero sus corazones de sirvientes llegaron a un nivel tremendo.

¿Qué desea que los grupos visitantes supieran?

Más a menudo de lo que usted piensa, los misioneros y las organizaciones anfitrionas dudan en ser transparentes y honestos con los líderes de equipo a corto plazo. Puede ser el miedo de ofenderle o asustarte; podría ser una diferencia cultural. Descubrí que en las culturas hispanas, por ser educado, no importa lo que pida o presente como una idea, casi nunca se le dirá que no. Como grupo visitante, ayuda ser humildemente transparente y decirle a su anfitrión: "Está bien decir que no, no me ofenderé". Quiero hacer un buen trabajo, y usted sabe más que yo". Usted necesita abrir la puerta para una comunicación honesta o puede que nunca suceda.

Una vez, una directora de un orfanatorio se acercó a mí y expresó su frustración porque los grupos solo trajeron juguetes y dulces. Lo que ella necesitaba era fruta fresca, comida en general y artículos de limpieza. Ella tenía miedo de decirle esto a sus grupos porque estaba segura de que los ofendería. Los grupos estaban trayendo este regalo, y ella no quería ofenderlos diciéndoles que no era útil. Tuve que entrenarla y le expliqué que los equipos querían bendecir su orfanatorio de una manera que fuera impactante. Yo sabía que si ella era honesta con ellos, harían todo lo posible por ayudarla en sus áreas de mayor necesidad. Cuando le dijo al primer grupo que necesitaba fruta fresca para los niños, se volvieron locos (de una buena manera). Esa misma tarde, el grupo se dirigió a la ciudad y abasteció completamente su cocina. Comunicación, comunicación, comunicación. Ella estaba más feliz, el grupo estaba encantado de satisfacer una necesidad real, los niños tenían alimentos saludables. Todos ganaron (incluido el vendedor local de frutas).

Una vez más, al hacer las preguntas correctas, usted demuestra un interés honesto y sincero en el servicio al misionero u organización anfitriona en el campo y no solo en su agenda de usted. Al hacer las preguntas correctas y realmente escuchar, usted construye una relación saludable.

Preocupaciones prácticas de viaje y logística.

La siguiente es una lista de detalles que usted querrá empezar a organizar un poco después de comenzar a planificar su viaje. Por favor, no haga suposiciones sobre estos, siempre verifique dos veces.

Nota: puede ser una buena idea revisar el sitio web de su host, ya que puede cubrir muchos de los elementos enumerados. Su organización anfitriona o misionera quiere ayudarlo, y es posible que ya hayan puesto a su disposición toda esta información si la busca.

Es posible que la logística no parezca una información profunda de construcción de relaciones, pero prevenir problemas, cumplir con las expectativas y respetar los protocolos demuestra que le importa. Conserva la energía de usted y de su anfitrión para relacionarse bien y hacer un trabajo impactante.

Detalles de visa y vacunación: preguntar lo que se necesita. Estas cosas cambian a menudo y, dependiendo del país al que usted viaja, puede tomar meses para asegurarle de que todo esté en orden. Muchos países tienen una espera de 90 días para las visas, y algunas vacunas requieren semanas para ser resueltas. Sabemos que algunas personas están en contra de cualquier vacuna, por lo que esto descartará muchos países de destino, como lo es la ley en muchas áreas del mundo. No le dejarán entrar sin las vacunas correctas: malaria, fiebre amarilla, etc.

Detalles de transporte: cuando viaje, lo más probable es que maneje el viaje de la aerolínea a su destino, pero pregunte sobre el viaje por tierra. ¿Su anfitrión le recogerá en el aeropuerto? ¿Está utilizando el transporte público? ¿Se recomienda alquilar un auto o camioneta? Siempre que sea posible, quita esta carga de los hombros de sus anfitriones. Además, antes de reservar sus vuelos, pregunte si hay una mejor hora para llegar y si hay una aerolínea recomendada para esa área.

Código de vestimenta: el código de vestimenta aceptado puede variar dramáticamente incluso en el mismo país: la ropa de la iglesia, la ropa de trabajo, qué ponerse en público puede ser muy diferente a lo que estamos acostumbrados. Siempre pregúntele a su anfitrión qué es lo más respetuoso, y omita usar algo un poco más modesto de lo que probablemente hace normalmente. A veces los matices del código de vestimenta pueden sorprenderlo. En nuestra área de México, casi cualquier cosa que uno usaría para ir a la iglesia en los EE. UU. está bien en nuestra iglesia, pero si los hombres están afuera haciendo trabajo físico, es irrespetuoso quitarse la camisa. Los pantalones de yoga pueden ser aceptables en el hogar, pero no se consideran aceptables en la mayor parte del mundo. Usted es juzgado por la apariencia más de lo que probablemente se da cuenta. Por favor, sea respetuoso y represente bien a la iglesia y a su país. Proteger su reputación y evitar conflictos son vitales para la relación y el impacto.

Lugar de alojamiento: ¿Usted debe traer sacos de dormir o sabanas y cobijas? ¿Cuáles son las situaciones de baño o ducha? ¿Qué tan confiable o disponible es la energía y el agua? Para la mayoría de los grupos, la simple realidad de no tener agua caliente puede ser sorprendente. Es bueno tener la mayor cantidad de información posible para preparar a su grupo para lo que puede esperar. En gran parte del mundo, el agua caliente es un lujo, y la electricidad constante es bastante rara. Dependiendo de su grupo, es posible que también usted desee consultar sobre el acceso a Wi-Fi. Si el Wi-Fi es realmente importante para usted, es posible que desee establecer un contrato internacional temporal con su operador de telefonía celular.

¿Cómo se manejan las comidas? Una vez más, cada misionero u organización anfitriona se encarga de alimentar a los grupos de manera diferente. ¿Usted tendrá que proporcionar todas sus propias comidas? ¿La hostelería está disponible a través del ministerio o un negocio local? Al planear sus comidas, sea respetuoso con el hecho de que pocas organizaciones fuera de los EE. UU. están acostumbradas a lidiar con las muchas alergias alimentarias que los estadounidenses parecen traer consigo. Las alergias de gluten y nueces y estilos de

comer como vegetarianas y veganas pueden complicar la alimentación de un grupo. Dependiendo de los individuos en su equipo, es posible que usted desee traer una buena cantidad de bocadillos o barras de proteínas para completar las comidas que no pueda tomar.

¿Cuáles son las expectativas diarias para mi grupo? Todo el mundo organiza misiones a corto plazo de manera diferente. Usted se podría esperar que participes en reuniones de oración diarias o en los servicios religiosos en un orfanatorio; se le puede pedir a usted o a su equipo que compartan o enseñen. Si se trata de un proyecto de trabajo, ¿ellos esperan que usted trabaje unas horas al día o todo el día en el proyecto? ¿Hay algún suministro o preparación que su grupo deba organizar antes de venir? Gestionar las expectativas y tener expectativas realistas contribuirá en gran medida a que su equipo y la organización anfitriona tengan un viaje mucho mejor para todos los involucrados.

¿Qué se espera con la financiación? El dinero es una de las realidades de las que nadie se siente cómodo hablando, pero las expectativas deben ser comunicadas. ¿Cuánto cobra la organización por la vivienda, las comidas, el transporte y otros artículos? Es probable que usted también se espere que cubra materiales para cualquier proyecto de construcción o mantenimiento que esté realizando. Como comentamos en una parte anterior de este libro, es una buena práctica dejar una buena donación general para su anfitrión u organización siempre que sea posible. Considere el diezmo de todo el dinero que gastó en viajar para llegar al país anfitrión. Otra pregunta financiera que es bueno preguntar es cuáles son las costumbres locales de dar propinas: ¿Le da propina al conductor del taxi o camión? ¿Le da propina en un restaurante? Los matices culturales de las propinas varían ampliamente de un país a otro, y usted puede ofender con tanta facilidad si se sobrepone como si fuera poco. Una vez más, a nadie le gusta hablar de dinero, pero cómo lo manejamos es algo muy importante.

¿Hay algo cerca de la misión o ministerio que mi equipo deba revisar? No se trata solo de ir a zonas turísticas; pregunte sobre las áreas históricas o culturalmente importantes que su equipo debe visitar para obtener más información sobre los anfitriones y el país anfitrión. Preguntar esto demuestra un respeto por el área anfitriona y el deseo de construir una relación recíproca. Estos viajes laterales también son una manera excelente de mostrar su equipo que cada país tiene historia, cosas que les apasionan y cosas que nosotros, como estadounidenses, podemos aprender. Una nota al margen de estas excursiones locales: a menos que se ofrezcan llevarlo que parezca estar contento de llevarlo, tenga en cuenta que su anfitrión ha visto todos estos sitios muchas veces con muchos grupos. Ellos probablemente tienen más cosas que hacer que actuar como su guía turístico; por favor sea respetuoso de su tiempo.

Las misiones deben trabajar en ambas direcciones, y la comunicación es esencial. Las preguntas presentadas en este capítulo son un punto de partida para establecer relaciones sanas a largo plazo con su anfitrión u organización anfitriona. Al hacer las preguntas correctas, usted no solo aprende sobre su anfitrión y el país al que viaja, sino que también demuestra un deseo sincero de aprender de ellos. Demuestra que usted no está llegando como el "estadounidense que ya lo sabe todo". Al mostrar respeto, abre las puertas a una relación a largo plazo más rica, más plena y más productiva.

El grano de arena de Phil

Al saber qué preguntar a su posible anfitrión es importante para que se sienta cómodo con el lugar que está considerando llevar a las personas en su viaje. Pero una advertencia: cuando usted le haga las preguntas a su anfitrión que DJ le dio, no caiga en la mentalidad de los consumidores estadounidenses, buscando satisfacer todas sus necesidades. No haga su elección de ubicación únicamente en lo que el anfitrión puede ofrecer a su grupo. Recuerde que estamos buscando una relación recíproca en la que todos los involucrados puedan beneficiarse, y la organización anfitriona está haciendo todo lo posible para proveer una gran experiencia para su grupo. Es posible que ellos no puedan ofrecer todo lo que usted desea, pero pueden estar ofreciendo todo lo que necesita. Algunos ministerios increíbles no tienen los recursos para proporcionar las comodidades que usted pueda desear para su viaje, pero no decida si va o no según su comodidad.

Cada nueva demanda (a menudo esto tiene el disfraz de una "solicitud") se agrega a su carga de trabajo. Honestamente, ¿qué es lo que realmente necesitamos para una semana en un viaje misionero a corto plazo? Comida, agua limpia, refugio, electricidad y un inodoro. Todo lo demás fuera de nuestras necesidades básicas en un viaje misionero a corto plazo es un lujo. Es probable que nuestros alojamientos sean mejores que la mayoría de las personas a las que servimos en la comunidad. Cuando hacemos demandas/solicitudes que están fuera del alcance de lo que se proporcionó o fuera del alcance del ministerio de nuestro anfitrión, aumentamos el estrés y la carga de trabajo del anfitrión, distrayéndolos del ministerio en el que vinimos a ayudar.

Como líder, debemos seguir la línea de estar seguros de que se satisfacen las "necesidades" de nuestros grupos, mientras que al mismo tiempo cultivamos una actitud de siervo humilde que se enfoca en el viaje y no en nosotros mismos sino en los demás. Recuerde que el viaje misionero a corto plazo no se debe juzgar por los servicios que ofrece el huésped, como un hotel o un restaurante. Si ambos el anfitrión y el líder del viaje están trabajando hacia una relación recíproca, las necesidades de su grupo se cubrirán de la mejor manera posible. Por lo tanto, su reacción al alojamiento debe ser de humilde gratitud, sabiendo que sus anfitriones han hecho todo lo posible para proporcionarle a su equipo. ¡Qué bueno es que le hayan invitado a su hogar para experimentar su comunidad durante la semana!

CAPITULO 9

Si usted es anfitrión de misiones a corto plazo

DJ

Si usted está en el campo recibiendo equipos misioneros a corto plazo, esto es para ti. Contendrá todo lo que necesita saber para organizar equipos de manera productiva para impactar a la comunidad a la que sirve, evitar frustraciones y establecer relaciones sólidas en el camino.

Si usted está participando en un viaje misionero o enviando un equipo, puede leer este capítulo para ver qué se necesita para recibirlo bien. Esta vista "detrás de la cortina" le ayudará a ver la otra mitad de una relación de misión sólida a corto plazo.

¿Por qué albergamos grupos?

La gente es complicada y el albergar es mucho trabajo, pero si vamos a crecer y crecer el trabajo que hacemos, necesitamos otros. Albergar visitantes y grupos es probablemente más grande y más complicado de lo que usted había anticipado cuando ingreso al campo de misiones. Albergar grupos puede consumir enormes cantidades de tiempo y energía. La forma en que organizamos y dirigimos los grupos es tremendamente importante: para ellos, para nuestro ministerio y para Dios.

Organizamos grupos para una colección de razones variadas. Para ampliar el ministerio. Para ayudar a financiar y construir instalaciones. Como una herramienta de recaudación de fondos. Para ministrar y educar a la gente que viene a nosotros. Todas estas son razones válidas y todas pueden aplicarse simultáneamente. En muchos sentidos, no se trata de la razón en sí; es la cuidadosa consideración que entra en ello.

Necesitamos que otros se asocien con nosotros en nuestras metas o nunca seremos tan eficaces como queremos ser. Las asociaciones son fundamentales para cualquier ministerio, tanto a nivel local donde prestamos servicios como con equipos e individuos de otras áreas. Ninguno de nosotros sabe todo, puede hacerlo todo ni tiene todos los dones necesarios en nuestro trabajo. Al establecer contactos con grupos e individuos visitantes, estamos mejorados y podemos lograr mucho más de lo que imaginamos. Los equipos que estamos hospedando también pueden conducir frecuentemente a redes de personas dispuestas a apoyarnos en nuestro trabajo, ahora y en los próximos años.

Es natural cuando estamos sirviendo niños necesitados, familias en riesgo, una plantación de iglesias, un programa de refugiados, etc., para concentrarnos en las personas en el área a la que estamos llamados a servir. Estamos aquí para ser más como Jesús, servir a los demás y proclamar el Evangelio. Recuerde que no se limita a las personas a las que estamos "llamados" a servir. Necesitamos representar a Cristo ante cualquier persona que entre en nuestras vidas, incluidos los visitantes de los EE. UU a los que podríamos estar temiendo, y aquellos a quienes podemos considerar que están recortando el tiempo de ministerio "real". En mi experiencia, y al hablar con muchos otros misioneros que albergan grupos, incluso los mejores equipos visitantes tienden a triplicar nuestra carga de trabajo. Hospedar grupos es mucho trabajo y no es para los que se acobardan, justo como las misiones en general.

Todo el mundo tiene necesidades, quiere que sus vidas sean expresadas, necesita sanación; todo el mundo ha quedado huérfano de alguna manera. Debemos darnos cuenta de que los grupos de alojamiento y recepción son un ministerio poderoso en sí mismos. Sí, en teoría están aquí para servirnos. Sí, están aquí para asociarse con nosotros y ayudar a nuestros ministerios a lo largo. La mayoría de los equipos vienen diciendo: "Solo queremos ser una bendición y servir donde sea necesario". Pero las personas que vienen a menudo están profundamente heridas, poco entrenadas y buscan sanación, incluso si no lo saben. Necesitamos hablar sobre sus vidas, atender sus necesidades, estar abiertos a escuchar a cualquiera con quien nos crucemos. Cristo hizo parte de su mejor trabajo al lado de un pozo, con personas que conoció en el camino. Él siempre estaba dispuesto para poder ministrar. Necesitamos ese mismo corazón si vamos a organizar grupos de una manera saludable.

La actitud importa

Después de más de 20 años de albergar grupos, recibimos notas y correos electrónicos de personas de todo el mundo que tuvieron su primer viaje misionero con nosotros. ¿Cómo impactará y cambiará la semana con usted la vida de sus visitantes? Necesitamos guiar a las personas hacia experiencias que cambian la vida en la cima de la montaña. Dios hará el trabajo en sus corazones, pero tenemos una responsabilidad para guiarlos allí.

Para muchas personas, las misiones a corto plazo es la primera vez que salen de las bancas para experimentar el servicio a un nivel más profundo. Esta podría ser la primera vez que caminan más cerca de los pasos de Jesús con su corazón para servir. Para la mayoría de las personas, un viaje misionero a corto plazo puede ser un punto en sus vidas que recordarán para siempre como un evento de transformación en su caminar con Dios. Tenemos este privilegio increíble de tomar sus manos y guiarlos a mientras que ellos avanzan en su fe.

Es una excepción rara encontrar alguien en misiones de tiempo completo que no haya comenzado un viaje misionero a corto plazo. Estos viajes son lo que Dios usa para hablar con las personas sobre un llamado más profundo para sus vidas, incluidas las misiones a largo plazo. Estos viajes abren sus mentes y amplían su panorama de lo que Dios podría tener reservado para ellos. Al hospedar grupos, tenemos la responsabilidad de mostrarles todo lo que significa la misión. No todos son llamados a misiones de tiempo completo, pero algunos lo son. De todas las personas que se han unido a mi equipo a largo plazo, muchas de las cuales han permanecido durante años, casi todas las personas nos encontraron comenzando con un viaje a corto plazo aquí.

Si usted está sirviendo a Dios, está sirviendo a tss hermanos y hermanas: cualquier ingreso, cualquier país, cualquier estatus que ellos tengan. Estamos llamados a servir a los que nos rodean. Acéptelos como son, como Cristo nos acepta. Cristo tiene una gracia infinita y profunda para nosotros, mucho más de lo que podríamos merecer. La gente está complicada, cada uno de nosotros está roto en alguna área; cada uno de nosotros tropieza, cae; con frecuencia hacemos más daño que bien. Pero Dios tiene un amor tremendamente abundante para sus hijos. Él aplaude a nuestros esfuerzos débiles, como lo hace un padre cuando su niño pequeño da sus primeros pasos.

Al albergar misiones a corto plazo, debemos ser realistas: casi nadie que se asocia con nosotros durante una semana tiene el nivel de experiencia que nosotros traemos a la mesa. Nuestra esperanza es que ellos vengan con entusiasmo, humildad y la actitud correcta. Con demasiada frecuencia, en su emoción y entusiasmo, hacen más que unos pocos desórdenes. Los cachorros tienen entusiasmo, pero todos sabemos que parte de tener un cachorro es limpiar los líos que deja, y luego entrenarlo con amor para que mejore la próxima vez. Usando el mismo ejemplo, muy pocas personas que van a misiones a corto plazo están listos para portarse bien en la casa. Vamos a colocar el periódico.

Albergar 101

hos · pi · tal · i · dad (sustantivo) 1. La recepción y el entretenimiento amistosos y generosos de huéspedes, visitantes o extraños.

El don de la hospitalidad es real, y no todos son dotados en esta área. Si usted va a hospedar bien a los grupos, necesitará aprender hospitalidad o tendrá que encontrar alguien en su equipo con esta visión. La experiencia de una persona con su ministerio tiene un enorme efecto dominó. ¿Se irán entusiasmados con las misiones o se apagarán? ¿Se van a ir entusiasmados con su ministerio de usted? ¿Se irán queriendo compartir con otros el poderoso trabajo que se está realizando? ¿O van a dejar de avisar a otros que busquen otros lugares para servir? Las primeras impresiones y experiencias que tengan con su ministerio, las probabilidades son, serán la única impresión y experiencia que tengan. Usted tiene solo una oportunidad para hacer que esto funcione. Así es cómo.

1. Extender la puerta abierta.

A menos que la gente sepa que los grupos anfitriones son bienvenidos, no vendrán. Sé que esto suena obvio, pero ¿cómo se hace correr la voz de que usted quiere que vengan grupos?¿Está claro su sitio web que usted desea grupos y tiene la capacidad de hospedar? ¿Tiene un nivel apropiado de detalles: costos involucrados, necesidades a completar, oportunidades para servir, tamaño del grupo que puede hospedar, etc.? ¿Está publicando en Facebook u otras redes sociales, informando a otros sobre el impacto positivo que los grupos han tenido en su trabajo? ¿Está pidiendo a los grupos que ha tenido en el pasado que lo ayuden a correr la voz sobre el trabajo que realiza y su disposición a asociarse con otros? No asuma que la gente sabe todo de su ministerio; comparta más de lo que cree que necesita y luego vuelva a compartir.

Un elemento que se pasa por alto con frecuencia: mire la etiqueta de correo electrónico de su organización de manera prolongada y honesta. ¿Usted está respondiendo correos electrónicos de manera oportuna? ¿Sus correos electrónicos están bien escritos, son gramaticalmente correctos y son profesionales? Para casi todos, aparte de su sitio web, su primer correo electrónico a alguien es la primera impresión de su ministerio. Si lo tarda días en responder, ¿qué tipo de impresión les da eso? La forma en que responde claramente les dice que usted es una organización profesional que aprecia la ayuda o que simplemente no le importa. No puedo decirles cuántos grupos terminan sirviendo en nuestra organización después de que envían un correo electrónico a muchos ministerios diferentes y somos los únicos que respondemos.

Una persona decidirá sobre una iglesia en los primeros 5 minutos: facilidad de estacionamiento, alguien los saludó, ¿se sintió la iglesia acogedora? Las primeras impresiones importan. Nosotros habíamos ignorado completamente nuestro sitio web durante mucho tiempo, y estaba bastante anticuado. Seguí diciéndome que estaba bien hasta que alguien me dijera "su ministerio es mucho mejor que su sitio". Me di cuenta de que las personas estaban juzgando todo el ministerio desde nuestra página web. Una vez que rediseñamos nuestro sitio, comenzamos a obtener una respuesta mucho mayor y la gente nos contactó solo porque nuestro sitio web era muy bueno.

Siempre esté evaluando qué impresión su ministerio está dando.

2. Evaluar las habilidades, objetivos y agendas del grupo.

Jesús supo desde el principio que su equipo no estaba listo para todo. Cuando los apóstoles estaban comenzando, Jesús sabía que lo mejor que podían manejar era un simple "ven y sígueme". Tomó tres años de entrenamiento, errores y correcciones para llegar al punto en que los apóstoles pudieran "tomar su cruz". La evaluación adecuada de su equipo visitante es crítica. Esto proviene de una profunda comunicación tanto de usted como de los líderes con los que está trabajando. ¿Cuáles son sus expectativas del grupo? ¿Cuáles son sus objetivos para su equipo? ¿Dónde más han servido?

No todos los grupos son grandes en la construcción; no todos los grupos son buenos para compartir el Evangelio; muy pocos grupos son tan maduros como deberían ser. Necesitamos encontrarnos donde están y entrenarlos. En nuestra organización, en realidad enviamos una amplia encuesta para planificar y preparar mejor los grupos. Una mejor información siempre hace una mejor experiencia para todos los involucrados.

Todos tienen objetivos diferentes, expectativas e ideas preconcebidas de lo que es un viaje misionero. Si usted puede ayudar a educar a su grupo antes de que llegue, genial, pero no todos los grupos saben que no lo saben todo. Al hacer las preguntas correctas, usted puede ayudarles a descubrir por sí mismos muchas de las preguntas que deberían formular.

Algunos grupos quieren ensuciarse físicamente. Ellos esperan verter concreto, construir un edificio, perforar un pozo. ¿Tienen las habilidades y los fondos para completar proyectos de calidad en el corto tiempo que están con usted? ¿Necesitarán la supervisión extensa de su equipo? Algunos grupos son mucho más relacionales. Quieren hacer Escuelas Bíblicas de Vacaciones, actividades comunitarias, compartir el Evangelio. ¿Son maduros y realistas en sus expectativas? ¿Son culturalmente sensibles? ¿Están conscientes del nivel de madurez y las verdaderas necesidades de las personas a las que atenderán, o están cumpliendo con sus propias suposiciones? Usted y tiene la idea. Usted necesita saber lo más posible sobre el grupo viajero para guiarlos en la dirección correcta.

No tenemos que atender los caprichos de cada grupo, pero podemos guiarlos con amor hacia las áreas en las que desean servir y dónde se utilizan mejor sus dones. También tenemos la responsabilidad de alejarlos amorosamente de dañar o destruir cualquiera de los trabajos que hemos intentado realizar. Casi todos los escritos de Pablo a la iglesia primitiva trataban de guiarlos hacia la madurez y corregirlos con amor. La iglesia en su conjunto tiene una historia larga y rica de errores. Nada de esto es nuevo. Necesitamos ser Pablo con los grupos, animándolos y entrenándolos en las direcciones correctas.

Una vez que usted sepa cuáles son los objetivos y habilidades del equipo, es mucho más fácil utilizarlos de manera efectiva para el Reino. Solo estarán con usted por un corto tiempo, por lo que necesita aprovechar las habilidades y los recursos que están ofreciendo. Tendrán una experiencia mejor y más rica, y su ministerio estará en mejores condiciones.

Al entrevistar los líderes y evaluar cualquier grupo potencial, usted puede descubrir cosas con las que no está encantado. Es bastante fácil elegir los grupos que tienen un mayor nivel de madurez en comparación con los grupos que solo quieren verse bien en Facebook y marcar "misiones" fuera de su lista de tareas pendientes. Si hay algunos grupos con los que tal vez no quiera trabajar, cubriremos un poco más adelante. Pero a veces con grupos débiles podemos tener el mayor impacto, nunca se sabe cómo se moverá Dios. Estas pueden ser decisiones similares a las de Salomón, pero con algo de experiencia y mucha oración, usted establecerá relaciones con los grupos adecuados en el momento adecuado.

3. Crear expectativas y planes realistas.

Antes de que un grupo venga, es importante crear expectativas fundamentadas. Un grupo de 10 personas que aterrizan en su ciudad no convertirá a la mitad de la población, pero su ejemplo de servir como Jesús puede cambiar una vida o dos. No van a transformar una iglesia, pero pueden alentar, servir y asociarse con los que están en el campo. No van a terminar el problema de la gente que vive en la calle, pero pueden ayudar a construir una casa para una familia. Es posible que no regresen a casa con el conocimiento enciclopédico de las misiones, pero pueden aprender sobre su lugar en la familia de Dios.

Muchos grupos tienden a ser demasiado ambiciosos. He visto a grupos llevar a cabo enormes proyectos en un corto período de tiempo, pero esa es la excepción. Es bueno compartir con un grupo entrante de sus experiencias en el pasado. "En nuestra experiencia, la mayoría de los grupos no pueden construir un edificio completo en una semana. Pero si su equipo puede ayudar a enmarcar o sentar las bases, sería genial". Una vez más, la comunicación es fundamental para que los grupos tengan una experiencia impactante y duradera.

Incluso las expectativas con respecto a la vivienda, la comida y otros detalles son importantes para comunicarse claramente. Está bien decirle al grupo que las viviendas se "desbastarán con duchas frías". Mientras sepan las condiciones que van a entrar, todo irá mucho mejor. Crear expectativas realistas es crítico en cualquier relación.

4. Ayúdelos a llegar a usted.

Una vez que un equipo tiene un viaje planificado, es de gran ayuda si usted puede guiarlo a través de las incógnitas del viaje a su área. Ellos pueden hacer su propia investigación, pero usted conoce los atajos y los detalles de primera mano. ¿Qué se necesita en el camino de los visados? ¿Necesitan vacunas para visitar la zona? ¿Cuál es el código de vestimenta apropiado? ¿Habrá Wi-Fi o servicio celular disponible? ¿Hay problemas de seguridad? Todos estos son grandes fragmentos de información para calmar los nervios y preparar a todos. Un corazón de servicio fluye a todas las áreas de la hospitalidad. MOSTRELOS que usted quiere que le acompañen.

Podría considerar abordar el "factor del miedo". Muchos estadounidenses nunca han estado fuera del país, algunos nunca han estado fuera de su estado de origen. Hay muchas impresiones falsas de cómo es viajar a países extranjeros y cuáles son los riesgos y peligros. Sea honesto con los visitantes sobre las precauciones adecuadas, pero probablemente sean mucho más temerosos de lo que deberían ser. A menos que usted esté sirviendo en una zona de guerra, la mayoría de las ciudades y áreas alrededor del mundo son en realidad más seguras que muchas ciudades en los EE. UU.

5. Dígales qué traer.

Pocos grupos quieren venir con las manos vacías más allá de la financiación. Está bien expresar las necesidades que pueden llenar. Al compartir esta información, usted les está brindando su deseo de ayudar y les está permitiendo asociarse con usted. Dígales que usted necesita tinta de impresora, que extraña la mantequilla de maní de los EE. UU. o que su personal mataría por un poco de chocolate negro. Estas sutilezas ayudan en cualquier relación. Confíe en mí, apreciarán su honestidad y se sentirán muy bien ayudando de una manera real. (¡Y usted podría sacar un poco de chocolate del trato!)

6. Ayúdelos a planificar una agenda mientras se mantienen flexibles.

Los equipos estadounidenses (supongo que usted es el anfitrión de los estadounidenses) tienden a ser muy del tipo A. Quieren organizarse y establecer metas y un calendario establecido. Usted sabe muy bien que esta no es la norma en la mayoría de las situaciones de misión. Usted puede ayudar mucho a los equipos ayudándolos a armar un calendario realista, permitiendo los inevitables cortes de energía, averías de vehículos u otros desafíos que surgen diariamente en el campo. Entrénelos con anticipación que la flexibilidad es fundamental para la salud mental de todos. Necesitan un horario, pero debe ser más una guía que un diseño duro y rápido de su tiempo. Se debe encontrar un equilibrio entre mantener a todos a tiempo y ser flexible a las necesidades y circunstancias cambiantes.

Anime a los equipos a dedicar tiempo a informar mientras ellos están con usted. Estos pueden ser algunos de los mejores momentos para los grupos, ya que escuchan entre sí las percepciones y reacciones de las experiencias del día. Todos ven las cosas a través de diferentes ojos. Dependiendo de los líderes, incluso puede darles algunos temas para abordar de las discusiones anteriores del grupo. Al disminuir la velocidad y concentrarse en el ahora, ayuda a los grupos a captar los eventos que han experimentado a un nivel más profundo.

Planifique un tiempo de inactividad para el equipo. Nadie que se una a usted durante una semana estará tan comprometido con su causa como usted. Si usted es como la mayoría de los misioneros, el tiempo de inactividad es bastante raro y probablemente haya pasado semanas sin un verdadero día libre. Los grupos que viajan a usted probablemente esperan pasar un día haciendo actividades de tipo turístico. No hay nada de malo en eso mientras no sea el foco del viaje. Un día de descanso es bíblico y le dará un descanso necesario.

7. Esté preparado cuando lleguen.

Si usted tuviera invitados en su casa durante un fin de semana, haría los preparativos adecuados y estaría listo para las actividades planificadas. Usted tendría su vivienda limpia y presentable, querría que estuvieran lo más cómodos posible. Albergar los grupos es de la misma manera. Usted tiene que estar listo antes de que lleguen para recibirlos; se están quedando en su casa.

Si están trabajando en un proyecto de construcción, usted debe tener todos los materiales y herramientas en el lugar cuando llegue el grupo. Si hay algún trabajo de preparación que deba realizarse antes de que pueda comenzar el proyecto, debe hacerse antes de que llegue. Lo más probable es que el grupo haya viajado mucho para alcanzarlo y solo tengan días limitados con usted. Realmente no quieren quedarse de pie mientras usted encuentra los ladrillos y el cemento que pensaron que estaría allí.

Si su grupo está haciendo un alcance a la comunidad, ¿se han hecho los preparativos? Si están haciendo un EBV o un servicio en la comunidad, ¿se ha realizado el trabajo de preparación? En muchos casos, sus actividades deben promoverse correctamente durante días o semanas antes de que llegue el grupo. Necesitamos preparar el campo para los trabajadores.

Si usted está albergando los equipos y grupos ahí mismo en su ministerio, piense en el nivel y el tipo de vivienda que está proveyendo. Los dormitorios o departamentos para los grupos no tienen que ser palaciegos ni de nivel hotelero, pero deben de estar limpios, presentables y bien mantenidos. Siempre que el grupo sepa que necesitan traer ropa de cama y estar preparados para las duchas frías, eso debería estar bien. Si todo lo que puede proporcionar es una letrina, está bien, solo hágale saber al grupo que van a acampar en una tienda de campaña. Solo asegúrese de que la letrina sea lo mejor que pueda, y asegúrese de que tenga papel higiénico. Una vez más, la hospitalidad debe aprenderse y formar parte de su cultura de ministerio.

Está bien cobrar por el alojamiento, y cada ministerio debe decidir cómo hacerlo. Hacemos todo lo posible para mantener bajos los precios que cobramos para que la gente pueda venir y servir. Algunos ministerios ven la vivienda como su fuente de ingresos y cobran tanto como pueden. No sé si hay una respuesta correcta aquí, pero dejar de lado la actitud del corazón de un servidor es siempre la mejor manera de hacerlo.

8. Muéstreles, edúcalos, guíelos.

La mejor manera de educar a la gente sobre su trabajo es compartir su pasión. La pasión y la emoción son contagiosas. Si usted está dispuesto ser transparente y compartir por qué le apasiona el trabajo, los demás captarán su entusiasmo y su visión.

Hay un dicho que dice que el tiempo es igual al amor. Pase tiempo con el grupo, incluso si está pasando a visitar a la hora de las comidas y pregúnteles cómo les va. Pase una tarde compartiendo cómo usted fue llamado al ministerio, comparta cuál es su visión, cuáles son sus desafíos. Compartir de sí mismo.

Cuando llega un equipo, usted no puede esperar que conozcan los detalles sutiles de lo que sucede; usted necesita liderarlos y educarlos. Si comenzara un nuevo empleado, usted pasaría tiempo explicando las responsabilidades, la cultura, las expectativas y la parte importante del equipo al que están jugando. Cuando llega un grupo, son sus compañeros de trabajo por un corto tiempo, pero todavía es su primer día en el trabajo. La forma en que los reciba y presente el trabajo establecerá el tono de toda su visita.

Es necesario encontrar el equilibrio entre la guía y la sujeción de la mano. Esto viene de conocer al grupo, los líderes y lo que son capaces de hacer. Esto se remonta a la evaluación del equipo visitante. Al igual que criar a un niño, usted debe de permitirles que amplíen sus habilidades, pero estar allí para ayudarlos cuando caigan.

9. Guíelos a un trabajo impactante, no solo trabajo ocupado.

Suponiendo que el grupo sepa por qué está con usted, una vez que el grupo esté en el sitio, usted deberá darles una orientación básica de lo que va a hacer que hagan y por qué nuevamente. La gente se dará cuenta con bastante rapidez si solo les pide que hagan un trabajo ocupado para mantenerlos fuera de su camino. Pintarán la pared o limpiarán las malezas detrás de los edificios. Incluso pueden sonreír al respecto, pero sí parece que simplemente usted les está dando trabajo no esencial, nadie se va a sentir bien al respecto, incluido usted. Si les pide que realicen tareas que no les parezcan importantes, debe compartir con ellos por qué es crucial en el panorama general.

Una vez tuve un grupo cavando trincheras durante ocho horas bajo del sol, y estaban encantados. Si yo les hubiera mostrado el área marcada y les hubiera dado palas, se habrían frustrado bastante rápido, pero les conté la razón por la que estaban cavando las trincheras. Estaban ayudando a poner las bases para una nueva instalación de cuidado infantil que estaría cuidando a los bebés abandonados. De repente, su trabajo pasó de "nos estamos moviendo la tierra bajo el ardiente sol" a "estamos ayudando a salvar vidas". La forma en que usted presenta en qué están trabajando es muy importante.

10. *Está realmente bien si ellos sirven en otro lugar.*

¿Está trabajando usted para construir su reino o el Reino de Dios? Esto puede requerir una búsqueda profunda e incómoda para que muchas personas respondan. Si usted tiene un equipo a su disposición con habilidades, recursos o visión que no se adapta a sus necesidades reales o dirección, ayúdelos a servir donde puedan tener el mayor impacto. Esto puede ser dolorosamente difícil para muchas personas. Enviar un equipo para servir con un ministerio cercano es como un pastor que se levanta y le dice a su congregación que vaya a visitar otra iglesia el próximo domingo. A menos que usted esté seguro de lo que hace y de su lugar en el Reino, esto puede ser una perspectiva intimidante y aterradora. Pero, si estamos aquí para servir al Reino y aquellos en nuestra influencia, no puede ser solo sobre nosotros y nuestro trabajo. Todo lo que hacemos debe ser sobre Su trabajo y la promoción del Reino. Necesitamos recordar, nada de esto es nuestro de todos modos.

Es saludable trabajar en red con otras misiones y otros misioneros en su área para poder trabajar juntos y utilizar todos los recursos para el bien mayor. Si esto significa enviar un grupo talentoso y bien

financiado a otra organización misionera, está bien. Es contra intuiti-
vo, pero en mi experiencia, la mayoría de las veces que hemos envia-
do grupos para servir en otros ministerios han sido increíblemente
productivas. Los grupos no solo tienen un mayor impacto, sino que
también tienden a ser más leales cuando ven que se trata de expandir
el Reino y no solo de acaparar recursos para su reino. Recuerda, las
reglas de Dios son muy diferentes a las reglas del mundo. Necesitamos ser servidores de todo.

*11. Haga un seguimiento y hágalos saber que usted aprecia todo lo que
ellos han hecho.*

Dos de las palabras más poderosas en el idioma español son "muchas gracias". La mayoría de nosotros no dedicamos suficiente tiempo a mostrar gratitud a las personas en nuestras vidas. Cuando llegue
su grupo, agradéceles por venir. Durante su estancia con usted,
agradézcales en el camino. Cuando lleguen a casa, asegúrese de darles otro agradecimiento, incluso si es tan simple como una publica-
ción que hace referencia a ellos en las redes sociales. Sí, deberían
venir, servir y ayudar porque han sido llamados por Dios, y esa debe
ser su recompensa. Pero representamos a Dios, por lo que es importante decir: "Buen trabajo, gracias por asociarse con nosotros". Necesitamos estar fluyendo con gratitud.

En más de unas pocas ocasiones he tenido directores de otras organizaciones que me han dicho que para ahorrar dinero y tiempo,
envían todas sus cartas de agradecimiento a fin del año. Esto no funciona. Nunca es demasiado tarde para enviar un agradecimiento, pero un agradecimiento oportuno significa mucho más y demuestra que
sus esfuerzos fueron reconocidos y valorados por usted.

Mostrar gratitud es parte de construir relaciones sanas y significativas, ¡hágalo! También es útil compartir actualizaciones de proyectos, actualizaciones de ministerios e información general con equipos
que han prestado servicio junto con usted. Sí, ellos podrían enviar
más fondos, pero también es un acto de servicio a los grupos,
mostrándoles que usted desea que continúen orando y que estén entusiasmados sobre el ministerio. Un gran seguimiento y agradeci-

miento es preguntar al grupo cómo les ha ido después del viaje. Haga preguntas sinceras sobre sus experiencias en el viaje. Mostrar interés por ellos. Las relaciones llevan trabajo, pero valen la pena.

Las cosas complicadas

Está bien rechazar a un grupo, antes o durante su visita. Muchos grupos vienen con sus propias ideas y agendas preconcebidas; esto está bien siempre y cuando concuerden con los objetivos del ministerio al que ellos están sirviendo. A veces, estos objetivos y agendas son, en el mejor de los casos, cuestionables o en realidad pueden ser perjudiciales para los objetivos que se han establecido, e incluso las buenas intenciones necesitan flexibilidad.

Una vez tuvimos un grupo bien intencionado que nos preguntó acerca de cómo construir algunos gallineros muy grandes en una operación de tamaño profesional. En la superficie sonaba genial, huevos gratis para el orfanatorio, pero algo en mí interior decía que esto era un error. Como personal decidimos seguir adelante con el proyecto. Este grupo bien intencionado gastó decenas de miles de dólares y varios meses configurándolo. Cuando ellos terminaron, nosotros teníamos alrededor de 500 pollos que producían huevos. Una vez más, en la superficie, esto suena muy bien. Con unos pocos meses de producción de huevos en nuestro haber, hicimos los números. Después de pagar por personal adicional, alimentos, servicios públicos y más, era mucho más barato y más fácil simplemente ir a comprar huevos. Terminamos comiendo mucho pollo en los próximos meses y eventualmente convertimos los graneros de pollo en algo que realmente podríamos usar. Irónicamente, terminamos remodelando los establos de pollos y convirtiéndolos en dormitorios para los grupos.

Cuando alguien viene a usted con una idea de un proyecto, evalúe si la necesidad que desean satisfacer es real. También debe decidir si usted o alguien de su equipo puede proporcionar suficiente seguimiento y administración. Los proyectos tienden a venir en las tendencias. Hace años todos querían instalar laboratorios de computación; en este momento el proyecto que todos están impulsando son jardines hidropónicos. A menos que alguien se quede atrás o tenga a alguien en el personal con la visión de mantener laboratorios de computación y jardines hidropónicos, se desperdicia esfuerzos y fondos. Los orfanatorios y escuelas de todo el mundo tienen laboratorios de computación que acumulan polvo porque nadie tiene el conocimiento de TI o la visión de para mantenerlos. He visto docenas de jardines hidropónicos ya sea acumulando polvo o derribados para usar los materiales para otros proyectos. Estos proyectos pueden funcionar y ser una gran bendición, pero solo si tiene a alguien en su personal con la visión y la energía para llevarlo a cabo. ¿Es algo que usted realmente quiere? Si un grupo hace las cosas con buenas intenciones, lo entenderán si usted explica que el proyecto que tienen no se ajusta a sus metas. Si un ministerio en su área puede usarlo y es una buena opción, envíe al grupo a otro.

Con la difusión evangelística es aún más importante que evaluemos honestamente los proyectos que se nos presentan. A menos que el grupo o los individuos se asocien con un ministerio o iglesia local saludable, es muy difícil tener un impacto real. Ayude a los equipos guiándolos hacia esfuerzos eficaces y significativos. En mi pueblo en México estamos cerca de la frontera con los Estados Unidos y la tendencia es que muchos grupos ingresen a nuestra área. Parece que tenemos un gran concierto de divulgación en nuestro pueblo al menos una vez al mes, y nuestra ciudad no es tan grande. Sé que los grandes programas pueden ser eficaces, pero han sido exagerados en nuestra área. Ahora cuando un grupo se acerca a mí con esta agenda, trato de guiarlos amablemente en otras direcciones: construir una casa para una familia pobre, asociarme con una iglesia local con un proyecto, tal vez (con la bendición de la iglesia) asociarse con la adoración o EBV para una iglesia local. La conclusión es que usted es el guía local en el terreno, y debe ser un buen administrador de los grupos a su disposición. Los grupos que usted está organizando tendrán un mayor impacto y todos estarán más contentos.

Si un hermano nos ofende, tenemos instrucciones bíblicas muy claras: ve a el y háblalo. Si un grupo o ministerio no funciona, por favor sea honesto con el liderazgo. Ocurrirá una de dos cosas: se irán y no regresarán, o cambiarán. Cualquiera de estos resultados es bueno para usted. Teníamos un grupo que enviaba equipos cuatro veces al año (y estaban bastante bien financiados). Con el tiempo, les generaron un poco de ventaja o orgullo y se les hizo más difícil trabajar con ellos. Senté a los líderes, asumiendo que se irían después de la reunión y nunca volverían; yo estaba listo para eso. Cuando inicié nuestra conversación, "Organizamos muchos grupos, pero el grupo de ustedes es el único que tememos", todo quedó en silencio. Todavía recuerdo la mirada en sus caras. Después de una reunión de dos horas, se fueron recibiendo los comentarios bien y realmente cambiaron su comportamiento. En realidad, han aumentado la cantidad de grupos que envían, y hoy tenemos una relación mucho mejor.

Abrí esa conversación con una línea dura de "tememos a su grupo" porque y quería dejar claro con ellos cuán grave era la situación, pero toda la reunión se basó en la perspectiva de "¿Cómo podemos sanar esta relación?" Ellos podían sentir nuestro dolor y nuestro deseo de hacerlo mejor para todos. La transparencia y la comunicación saludable son fundamentales en cualquier relación.

A veces usted necesita decidir con quién va a trabajar o con quién no. Algunos ministerios trabajarán con cualquiera, algunos son un poco más selectivos, algunos solo funcionarán dentro de su propia denominación. Usted neccsita decidir por sí mismo. Si está haciendo trabajos médicos o de construcción, ¿está bien trabajar con grupos seculares? Los clubes rotarios, las escuelas de medicina y otros pueden ser una gran fuente de asistencia y pueden aportar habilidades fantásticas a la mesa, pero también traen desafíos únicos. He tenido que explicar a las personas por qué culturalmente no pueden establecer un bar completo para su equipo aquí en el orfanatorio. Puede ser difícil explicar los códigos de vestimenta cultural a grupos que no entienden que están representando su ministerio en el área. Por otro lado, vemos a albergar los equipos de servicio secular como un alcance fantástico; estamos aquí para ministrarlos y mostrarles a Cristo en acción. Al abrir nuestras puertas a los que no asisten a la iglesia, se llevan algunas conversaciones geniales y muchas vidas cambiadas.

Recuerda, necesitamos reflejar a Cristo con todos los que nos encontramos.

La gente le dirá cómo dirigir su ministerio. Todo el mundo tiene una opinión sobre algo. Después de ejecutar un orfanatorio durante bastante tiempo, sé que la mayoría de las personas que entran nuestra propiedad están juzgando lo que hacemos y creen que pueden hacerlo mejor. Todos piensan que son una autoridad en la crianza de los hijos y las misiones. La gente me ha dicho a lo largo de los años que, dado que estamos en una zona turística, necesitamos construir canchas de tenis para capacitar a nuestros hijos sobre cómo ser profesionales de tenis en el futuro. Me han dicho que tenemos que caminar con nuestros cerdos a diario porque los hace más saludables. La lista sigue y sigue de personas que juzgan lo que hacemos o nos traen ideas que no tienen sentido. He aprendido la habilidad de sonreír, asentir con la cabeza, tal vez tratar de explicar con amor por qué una idea no funciona y seguir adelante con mi vida. Con frecuencia yo necesito recordar las muchas veces que le he dicho a Dios cómo debe hacer su trabajo. La gracia que Dios nos muestra debemos mostrar a los demás.

La gente va a prometer en exceso. Visitar un país extranjero en un viaje misionero tiende ser una experiencia en la cima de una montaña para muchas personas. Mientras que en el país están entusiasmados y listos para comprometerse a todo. Cuando comencé, alguien me dio un consejo que aún me aferro a ello: "Sonríe, sé cortés con todos y espera un 10%". La gente se comprometerá financiar edificios, donar vehículos, rehacer su sitio web cuando regresen a los EE. UU. Lo dicen en serio en ese momento, pero una vez que están en casa durante unas pocas semanas y la vida "real" se hace cargo, las promesas a veces pueden quedar en el camino. Una vez más, necesitamos mostrar la gracia abundante de Dios. Podemos alentar (molestar), pero en última instancia las personas van a hacer o dar lo que quieran. ¿Cuántas veces hemos prometido demasiado a Dios y luego hemos retrocedido una vez que la emoción se fue?

Tenemos un dicho aquí (no uno que ponemos en el sitio web): "Todos los grupos traen alegría; algunos cuando llegan, otros cuando se van". Con una evaluación, planificación y hospedaje adecuados, puede hacer que la mayoría de los grupos traigan alegría cuando llegan. Hospedar misiones a corto plazo es un trabajo digno y poderoso. Como todo, si se hace bien, es mucho trabajo y puede traer grandes desafíos. Pero este trabajo está cambiando vidas y transformando la iglesia. Si usted va a hospedar, por favor hágalo con todo su corazón.

El grano de arena de Phil

La iglesia estadounidense y los equipos misioneros a corto plazo lo necesitan. Sé que albergar los grupos puede ser un montón de trabajo, y para algunos, un mal necesario. Pero los equipos misioneros a corto plazo necesitan sus historias de fe, comprensión de la vida y profundidad de sabiduría. La iglesia estadounidense se ha vuelto rancia, cómoda y apática. Su aliento al equipo misionero a corto plazo puede cambiar vidas y cambiar iglesias. El fuego que está en usted puede encender una llama en las vidas de cientos de otras personas debido a su fidelidad al llamado de Dios en su vida. Dios puede usar su voz y su historia para llamar a otros a un ministerio de tiempo completo.

Para mí, fueron los misioneros y la gente indígena que conocí en estos viajes que cambiaron mi vida. Sus historias de la fidelidad de Dios revelaron un Dios vivo y activo. Debido a sus historias, comencé a preguntarme: "¿Qué puede hacer Dios en mi vida?" Empecé a buscar a Dios más intencionalmente y ahora lo estoy sirviendo a tiempo completo debido a personas como usted.

He visto cómo las historias de las personas que conocimos mientras servíamos han cambiado la vida de los estudiantes y adultos que tomamos en estos viajes. Las personas que estaban lejos de Jesús se han acercado a Él debido a las personas que conocimos y su disposición a amar y compartir sus historias con nuestro equipo. Si usted es un misionero o es anfitrión de equipos misioneros a corto plazo, no subestime lo que Dios puede hacer a través de usted para cambiar vidas. Incluso para el equipo más difícil, sus palabras y acciones le permiten a Dios hablar a través de usted. Como alguien que dirige los equipos misioneros a corto plazo, gracias por hospedarnos y compartir sus historias y vidas con nosotros. Usted está transformando vidas. ¡No se rinda!

■

CAPITULO 10

Si usted lidera misiones a corto plazo

Phil

Cuando yo tenía 12 años, mi familia me llevó a mi primer viaje de rafting en aguas bravas en el río Snake en Wyoming. Había estado lloviendo constantemente durante los últimos cuatro días, y el río estaba alto y se movía rápido. Con mi corazón latiendo fuerte, subí a la balsa con mi familia y nuestro guía. Antes de llegar a los rápidos, la guía en el bote nos enseñó cómo trabajar juntos para ayudar a mover la balsa a través de los rápidos. La guía gritaría: "¡Todos adelante"! Todos remaríamos hacia adelante. Luego gritó: "¡Todos de vuelta"! Y todos remaríamos hacia atrás. Luego gritó: "¡Lado izquierdo atrás, lado derecho hacia adelante"! Y mientras remábamos, la balsa comenzó a girar en círculo. También nos informó de los peligros que se avecinaban y qué hacer si alguien se caía del barco. Finalmente, después de sus instrucciones, comenzamos a bajar el río. Fue un viaje emocionante de correr por los rápidos y experimentar el viaje junto con mis amigos y familiares en la balsa. Todos, incluido el guía, se mojaron. Hemos aprendido unos de otros. Dependíamos el uno del otro. Aprendimos sobre el río Snake y el paisaje circundante. Señalamos diferentes cosas que notamos en el camino. El guía movió nuestra balsa alrededor de áreas peligrosas, gritando órdenes. Cuando llegamos a aguas tranquilas, él señalaba diferentes formaciones rocosas y compartía la historia del área.

El río y el movimiento de Dios

Facilitar un viaje misionero a corto plazo es muy parecido a un viaje de rafting en aguas bravas. Nuestro papel como líderes del viaje es guiar el barco hacia el río de Dios, experimentar el viaje con los miembros de nuestro equipo, señalar dónde vemos que Jesús ya estuvo trabajando antes de llegar, escuchar las historias de las personas sobre lo que Dios está haciendo en su familia, iglesia o ministerio, y uniéndose a Él en lo que ya está haciendo. Al igual que un río que ha estado fluyendo y sigue fluyendo, Dios está trabajando en una comunidad antes de que lleguemos, y Él seguirá trabajando después de que nos hayamos ido. Es nuestra responsabilidad estar en sintonía con Dios para que podamos guiar a nuestro equipo hacia el río; entonces, todos pueden experimentar su trabajo de maneras que normalmente no experimentaríamos si nos hubiéramos quedado en casa, y así crecemos más en las personas en las que Dios quiere que nos convirtamos.

En este capítulo, discutiremos cómo dirigir un viaje misionero recíproco a corto plazo. El buen liderazgo es esencial para el éxito de un viaje misionero recíproco. La forma de liderar hablará mucho, no solo al equipo que usted está llevando, sino a los líderes de la comunidad anfitriona. Su visión, la cultura que crea y cómo actúa determinarán el éxito o el fracaso del viaje. Es una responsabilidad increíble, no lo tome a la ligera.

La primera parte de este capítulo discutirá el espíritu de un viaje misionero recíproco, y la segunda parte será más de las tuercas y los tornillos del viaje. Cada viaje misionero a corto plazo necesita ambos para construir las relaciones recíprocas que lo harán un éxito.

Si usted organiza equipos, esta información puede darle una idea de cómo apoyar mejor a los grupos y facilitar una buena experiencia para todos.

EL ESPIRITU

En pocas palabras, un viaje misionero recíproco busca asociarse y desarrollar una relación comprometida a largo plazo con una organización, iglesia o ministerio local que durará mucho más que el viaje en sí. Los viajes misioneros recíprocos se consideran a sí mismos en segundo lugar, enviando su agenda a la agenda y la visión de lo que la organización, la iglesia o el ministerio esperan lograr mientras usted está sirviendo allí. Un viaje misionero recíproco busca una relación antes de buscar proyectos o eventos u oportunidades fotográficas. Una relación recíproca es consciente y está en sintonía con el movimiento de Dios en la comunidad que se sirve y entre el grupo y el anfitrión, que busca unirse a Dios en su trabajo.

Estar presente, ser observador, estar disponible

Hay tres posturas que le pedimos a cada participante del viaje que practique mientras están en su viaje misionero a corto plazo. Estar presentes, ser observadores y estar disponibles son tres disciplinas que nos permitirán estar abiertos a lo que Dios nos está revelando en el viaje y con nuestro ministerio y comunidad anfitriones. Estas disciplinas, si se practican, nos ayudarán a hacer una pausa, mirar alrededor y notar la obra de Dios en nuestras vidas, no solo durante el viaje, sino en la vida cotidiana.

Estar presente.
Normalmente vivimos en una de cuatro áreas: el pasado con nuestros arrepentimientos, fallas o días de gloria; el futuro con nuestras preocupaciones, miedos y dudas; en nuestros teléfonos distraídos del mundo que nos rodea; con Dios, que está vivo y activo en este momento presente. Estar presente con Dios en los momentos cotidianos

de nuestras vidas permitirá que nuestros corazones y mentes vean Su actividad, especialmente en un viaje misionero a corto plazo. Esté presente con Dios, esté presente con otras personas en el equipo, esté presente con las personas a quienes sirve dentro de la comunidad. Si estamos presentes el uno con el otro, escucharemos la voz de Dios, seremos testigos de su actividad en el mundo que nos rodea y lo experimentaremos de maneras nuevas y diferentes.

En nuestros viajes de estudiantes, no permitimos teléfonos celulares ni ningún tipo de electrónica. Es sorprendente lo que les sucede a los estudiantes cuando quitamos su teléfono celular de sus vidas, cuán presentes están al mundo que los rodea y las conversaciones que tienen entre ellos. Después del shock inicial, los estudiantes nos han dicho cuánto se alivia el estrés como resultado de no tener un teléfono celular durante el viaje. Pedimos a nuestros líderes adultos que limiten el uso de sus teléfonos celulares tanto como sea posible, entendiendo que tienen familia y trabajos a los que pueden necesitar estar conectados mientras están fuera.

Ser observador.

Cuando no estamos presentes en el mundo que nos rodea, es difícil estar atento a lo que Dios está haciendo a nuestro alrededor y en nosotros. Es fácil ocuparse del trabajo que estamos realizando o estar tan concentrados en nuestra agenda que nos perdemos lo que Dios está haciendo justo frente a nosotros. Desafiamos nuestros equipos a reducir la velocidad y mirar a su alrededor. ¿Qué notó? ¿A quién ve? ¿Qué es diferente a lo que estás acostumbrado en casa? ¿Qué es lo mismo? No solo debemos ser observadores de lo que está sucediendo a nuestro alrededor, sino que debemos estar atentos a lo que está sucediendo dentro de nosotros. ¿Qué estamos sintiendo? ¿Qué estamos oyendo que Dios nos comunica? ¿Cuáles son nuestros pensamientos cuando vemos a las personas a las que servimos?

Como líderes, es vital para nosotros ser conscientes del impacto que nuestro grupo está teniendo en aquellos a quienes servimos. Es fácil quedar atrapado en las necesidades de nuestro grupo sin detenerse y ser consciente del impacto que está teniendo fuera de nuestro grupo inmediato, positivo o negativo. Salga del viaje e intente obtener una vista de 500 pies de lo que está haciendo su grupo. ¿Qué piensan los locales? ¿Qué indican sus expresiones? Cuando observamos el impacto que nuestro grupo está teniendo, podemos hacer los ajustes necesarios en el viaje para que podamos tener una experiencia exitosa para todos los involucrados.

Recientemente me contaron la historia de un grupo de estudiantes que estaban discutiendo sobre su tiempo en México. Uno de los líderes preguntó qué pensaban acerca de toda la basura que había en la comunidad. Uno de los estudiantes sugirió que las personas de la comunidad simplemente no se preocupaban por el medio ambiente o por lo limpios que parecían sus comunidades. El adulto luego les informó que la comunidad no tiene un sistema de basura. No hay un camión de basura que viene constantemente a retirar su basura. De hecho, si hubiera esa oportunidad, muchos de ellos no podrían pagar para la recolección semanal de basura. No se trataba de si les importaba el medio ambiente o su comunidad, era que no tenían acceso a este simple "lujo" que muchos de nosotros, los estadounidenses, tenemos en casa. Cuando hacemos preguntas sobre nuestras observaciones y desafiamos nuestras suposiciones, descubriremos verdades sorprendentes que no sabíamos antes. Como líder, debemos desafiar las observaciones y pensamientos que menciona nuestro equipo e intentar profundizar en ellos, buscando la verdad.

Estar disponible.

Tanto sucede en un viaje misionero a corto plazo. Para aquellos de nosotros que dirigimos estos viajes, debemos estar conscientes de lo que Dios está haciendo, estar dispuestos a presentar nuestra agenda a la dirección de Dios y estar disponibles para lo que la organización anfitriona nos pide que hagamos. Esto requerirá que cambiemos nuestro horario o incluso (lo siento) nuestro plan de enseñanza para la semana. Pero si queremos aprovechar al máximo nuestros viajes, debemos estar disponibles para Dios y para aquellos con quienes trabajamos en el viaje. Recuerde que este viaje se trata de nosotros, nuestro grupo o nuestra agenda. Debe tratarse de la guía de Dios, su agenda y la comunidad anfitriona, sus necesidades, sus deseos y sus planes. Estemos disponibles para lo que Dios quiera hacer con nuestro grupo.

Estas tres disciplinas nos desafiarán en todas las áreas de nuestras vidas, convirtiendo un viaje en una experiencia holística. Una relación recíproca crecerá porque estaremos presentes, seremos observadores y estaremos disponibles para aquellos a quienes servimos porque nuestros corazones, almas y mentes estarán abiertos a involucrar a la comunidad anfitriona en niveles relacionales más profundos.

Formación espiritual para su equipo

Todo lo que hacemos en un viaje tiene un propósito, mientras que al mismo tiempo, debemos estar abiertos y disponibles para el cambio. Creemos que todo lo que hacemos en el viaje es formación espiritual. No hay una separación entre lo espiritual y lo físico. Todo es espiritual, y Dios puede trabajar en todas las circunstancias; por lo tanto, debemos estar listos y conscientes de cuando esto suceda. Brindamos mucho espacio mental, emocional y espiritual para permitir que las personas desarrollen sus creencias y formulen preguntas difíciles e incómodas para que puedan luchar con lo que están aprendiendo y con lo que se enfrentan.

Yo comparto mi tiempo de enseñanza con quienes viven y trabajan en la comunidad. Quiero que mi grupo escuche las historias de personas que considero héroes de la fe. Sus perspectivas sobre Dios, el mundo y el ministerio siempre desafían mi visión occidental y americanizada de Dios y la fe. A través de estas historias, las personas de mis grupos han hecho cambios dramáticos en la vida. Es a través de estas historias que ven a un Dios que está vivo y activo y quieren eso en sus vidas. Si tomamos en serio la formación espiritual de nuestro equipo, debemos estar abiertos a que diferentes voces hablen sobre sus vidas, especialmente aquellos que han sacrificado sus vidas por el Reino de Dios.

Un espíritu bien desarrollado que se centre en seguir a Dios y desarrollar relaciones recíprocas es fundamental, pero si no tenemos los detalles del viaje clavados, frustrará el espíritu del viaje y podría arruinar lo que Dios quiere hacer.

LA TUERCAS Y TORNILLOS

Leer las ideas de DJ en el último capítulo lo ayudará a saber sobre qué preguntar a su anfitrión. No importa en qué fase del proceso se encuentre, antes, durante o después del viaje, deje que lo guíen. Busque su experiencia y sométase a sus necesidades y objetivos. Más allá de eso, aquí hay algunas áreas importantes que considerar mientras planea.

ANTES DEL VIAJE

Como líder, debemos de poder bailar entre ver los detalles del viaje y, al mismo tiempo, ver la vista general, ya sea por naturaleza una persona detallada o una persona de imagen grande. No soy naturalmente una persona detallada. Extraño los detalles tan fácilmente que es como si estuviera tratando de ignorarlos, aunque no lo estoy haciendo. Pero tengo que desenterrar, pensar, hacer listas, pensar en cada aspecto del viaje, y asegurarme de que se cuiden todos los detalles del viaje antes de ir, durante el viaje y después del viaje. También necesito mantener estos detalles sin apretar. Necesito poder estar presente en el momento y, al mismo tiempo, dos pasos delante de todos. Es un arte, un baile que los líderes deben aprender si queremos tener éxito en el desarrollo de experiencias de viaje significativas, incluidas las relaciones recíprocas.

Preparando el viaje con un anfitrión

Si usted está buscando lugares potenciales para desarrollar una relación recíproca, visite nuestro sitio web (reciprocalmissions.com). Cuando encuentre un lugar donde desee invertir, infórmele al anfitrión su intención de que esté interesado en desarrollar una relación a largo plazo. Esto puede cambiar la conversación y bajar las defensas. Cuando mencione usted los detalles de su primer viaje, hable sobre la comida, el alojamiento, el transporte y los proyectos. El anfitrión podrá brindarle toda la información que usted necesita con respecto a las necesidades del país para su grupo. Si usted puede hacerlo, vaya a la comunidad, iglesia u organización con la que trabajará para un viaje de instalación. En el viaje de instalación, conozca el área y los posibles problemas de seguridad. Una gran parte de estar en una relación recíproca no es la necesidad de que usted tenga su mano en cada pequeño detalle. Ningún ministerio tiene tiempo para eso. Usted no quiere ser una carga; quiere ser de ayuda. Cuanto más pueda educarse sobre el área y las normas culturales, mejor será. Por supuesto, usted debe de pasar tiempo con los líderes del ministerio. Esto le dará una mejor comprensión de qué esperar, especialmente con respecto a la vivienda y la atmósfera del área. Su anfitrión también le dará una idea de qué tipo de proyecto va a hacer su equipo y las herramientas necesarias que necesita traer. Si va a necesitar algún material de construcción, pregunte a su anfitrión dónde comprarlos en el país y en la comunidad a la que sirve. En una relación recíproca, queremos beneficiar a la comunidad tanto como sea posible; simplemente comprar en la tienda local sería de gran ayuda.

La seguridad

La seguridad debe ser nuestra preocupación principal en cualquier viaje misionero a corto plazo. Debemos pensar continuamente en la seguridad de las personas que traemos en un viaje, especialmente en otro país donde la atención médica de emergencia no es fácil de encontrar. Averigüe dónde se encuentra el hospital más cercano a usted. Usted necesita saber cómo recibirá la atención médica que necesita si algo sucede. ¿Qué sucede si hay un accidente mientras viaja hacia o desde su destino? Todos estos detalles de seguridad deben elaborarse y comunicarse a los líderes de su viaje antes de ir. Estamos cuidando las personas, los seres queridos de otra persona.

Es una responsabilidad que no podemos tomar a la ligera. No soy un fanático de la seguridad, pero como líder de un viaje misionero a corto plazo a otro país, es mi responsabilidad garantizar la seguridad de todos los que van. Junto con las preguntas anteriores, aquí hay algunas otras cosas que necesitamos antes del viaje.

1. Forma médica. ¿Tiene usted un formulario médico completo que incluya el seguro médico de cada persona, números de pólizas, necesidades de salud, alergias, alergias a los alimentos o necesidades dietéticas? Si alguien tiene alergias o necesidades médicas, hacemos un seguimiento con una llamada telefónica para asegurarnos de que entendemos la situación. Usted necesitará saber si alguien en su equipo tiene alguna necesidad dietética o alergias a los alimentos. Algunos lugares a los que va en sus viajes pueden adaptarse a las necesidades dietéticas, mientras que otros no, debido a las opciones limitadas de alimentos. En nuestro formulario médico, también tenemos una liberación de responsabilidad y un área de divulgación de medios para que podamos usar imágenes y videos de adultos y menores por motivos promocionales.

2. Forma de límite. Es común que los participantes en un viaje, jóvenes o viejos, hagan de vez en cuando algo que sea destructivo para ellos mismos, para los demás o para la propiedad del lugar donde nos quedamos. Tenemos un formulario de límites que discutimos en las reuniones y le pedimos a cada persona que firme antes del viaje, y con los menores de edad, sus padres también deben firmarlo. No soy uno que tenga muchas reglas, pero sí tenemos límites que esperamos que todos observen si van a ir en uno de nuestros viajes. Aquí está nuestra lista:

- Si se encuentra a una persona en posesión de alcohol, drogas, parafernalia de drogas, fuegos artificiales o armas de fuego, es un boleto de ida a casa; si son estudiantes, los padres vienen a buscarlos.

- Nadie se aparea en los dormitorios del otro. Los chicos son azules, las chicas son rojas, ¡y no queremos nada de morado!

- Respeto por todos los líderes, y no hostigamiento de nadie.

- No vandalismo ni destrucción de propiedad.

- Nos reservamos el derecho de registrar cualquier equipaje si pensamos que una persona tiene algo que no es seguro o que no debería tener (consulte la lista anterior).

Violar estos límites tiene consecuencias que describimos a todos antes del viaje. A nadie le gusta ser el "pesado" y hacer cumplir las consecuencias, pero si usted no cumple con la disciplina, perderá credibilidad con los padres de menores y perderá el respeto y la confianza de los participantes. Esto es lo último que usted quiere en un viaje intercultural.

3. Seguro médico internacional. Consulte con su iglesia u organización para saber si brindan seguro médico internacional para su grupo en caso de una emergencia. Algunos tienen un seguro que cubre a los participantes, mientras que otros no. Pedimos a los participantes que aseguren un seguro médico internacional o verifican si su seguro actual cubre los viajes internacionales.

4. Vacunaciones. Investiga para saber si el país al que usted va a ir requiere vacunas. La organización anfitriona puede proporcionar información sobre esto también. El centro para el control y la prevención de enfermedades tiene una lista de las vacunas necesarias según el país que vaya a visitar. Por ejemplo, Ghana requiere que todas las personas que ingresan al país se vacunen contra la fiebre amarilla. En nuestros viajes a países que no requieren vacunación, todavía necesitamos una vacuna contra el tétanos actualizada.

5. *Documentos de viaje.* Los viajes internacionales en estos días se están volviendo más complicados y los países están cambiando los requisitos casi mensualmente. Manténgase al día con estos cambios antes de su viaje. Es bueno investigar los documentos de viaje necesarios con mucha antelación. Hay empresas que se especializan en la obtención de visas; usted tendrá que pagar un poco más por sus servicios, pero vale la pena, ya que ellas sabrán exactamente lo que usted necesita y cuándo deberá solicitarlos. Si estamos facilitando un viaje de estudiantes, recopilamos todos sus documentos importantes una vez que ya no los necesitan.

El papeleo necesario para un viaje misionero a corto plazo puede ser abrumador, pero se requiere para la seguridad y el bienestar de todos los involucrados. Esta es mi parte menos favorita del viaje, pero hay que hacerlo. Si usted no es bueno con estos detalles, encuentra a alguien que le ayude a hacer este trabajo.

Reuniones previas al viaje

Por último, mientras que usted obtiene en orden estos detalles previos al viaje, deberá comunicárselo a todos los que asistan, además de a las familias de los estudiantes participantes. Esto tomará la forma de correos electrónicos y otras comunicaciones escritas, pero una reunión previa al viaje o varias son un elemento imperativo del viaje. La gente asista los viajes por diferentes motivos y motivaciones. Es esencial mantener a todos en la misma página durante las reuniones previas al viaje. Si todos los que van no están en el bote remando juntos, causarán frustración e interrupciones a todos los demás. Como líder, es nuestra responsabilidad hacer el trabajo para que todos en el barco se muevan en la misma dirección.

Si los estudiantes están participando, es esencial organizar una reunión de padres bien informada. Desarrollar y mantener la confianza con los padres no puede ser exagerado. Haga que su meta de usted sea darles a sus padres y familias la mayor cantidad de información posible. Los padres desean saber cómo traerá a sus estudiantes a casa de manera segura y qué precauciones de seguridad está tomando durante el viaje. Repase en detalle la lista de empaque, el horario y las expectativas para el viaje. Trate esta reunión tan importante como trata la reunión de participantes antes del viaje para ganar confianza, respeto y apoyo.

Aquí están mis temas principales para la preparación:

1. *La visión.* Esto no se puede resaltar lo suficiente. Así como la seguridad se teje durante todo el viaje, nuestra visión también debería serlo. ¿Por qué vamos? ¿Qué esperamos que los resultados del viaje sean para la comunidad a la que servimos y para nuestro equipo? Esperamos que, como resultado de la lectura de este libro, usted tenga una visión recíproca para su equipo y las personas a las que presta servicios. Dígale a su equipo que este viaje no se trata de usted, no se trata de números y no se trata de solo terminar el trabajo. Se trata de estar presente, ser observador y estar disponible para lo que Dios está haciendo y tomar la forma de un siervo humilde. Sí, será incómodo. Sí, puede ser difícil. Pero vamos por el beneficio de los demás, y valdrá la pena.

2. *Unificar el equipo.* La formación de equipos es parte de estar presentes unos con otros en el viaje. Pase tiempo para que su equipo se conozca a través de ejercicios diferentes y hablen entre sí a través de grupos pequeños. Esto es importante, especialmente si usted tiene participantes que no se conocen bien. Las conversaciones iniciales, aunque sean poco profundas, harán que su equipo se familiarice con los demás para que pueda discutir las cosas más profundas más temprano durante el viaje. Las relaciones son fundamentales para su impacto y comienzan dentro del equipo.

3. *Conciencia cultural.* Aprenda todo lo que pueda sobre el país que usted está visitando antes de ir. ¿Cuáles son las diferencias culturales que su equipo debe tener en cuenta para no ofender a nadie? Pregúntele al anfitrión sobre lo que debe tener en cuenta mientras esté en el país al que va. En Ghana usar la mano izquierda es conside-

rado ofensivo. En Brasil, dar el signo de OK es lo mismo que parar el dedo. Lo último que quiere hacer es ofender a las personas con las que está trabajando en su viaje, dañando la posibilidad de una relación recíproca. Además, como estadounidenses, podemos ser bastante ruidosos y groseros y ni siquiera darnos cuenta (por ejemplo, el sarcasmo no siempre se transfiere a otras culturas). Como líder del viaje, tenga en cuenta usted el volumen de su grupo y la forma en que actúa en la comunidad.

4. *Código de vestimenta.* Junto con la conciencia cultural se entiende la vestimenta adecuada. Este es un grande. Hay muchas cosas que pueden ser culturalmente apropiadas en los Estados Unidos que no son apropiadas o que son ofensivas en otros países, como pantalones de yoga, bikinis, pantalones holgados, pantalones cortos pero muy cortos, revelando la mitad de la deriva, quitarse la camisa en el trabajo, ciertos colores de camisetas, logos y tatuajes. Les damos a los participantes un recordatorio y les pedimos que cambien si es necesario, y si continúa siendo un problema, les proporcionamos ropa culturalmente apropiada. (Generalmente, una vez que esto sucede, especialmente para los estudiantes, mágicamente encuentran la ropa más apropiada en su mochila). Esta es otra forma en que los equipos pueden honrar o deshonrar fácilmente a sus anfitriones, y esto afecta las relaciones.

5. *Hablar sobre nuestras suposiciones.* Debemos ser conscientes del contexto religioso y cultural del que venimos, sabiendo que esto tendrá un impacto en la forma en que vemos a las personas y la comunidad con las que trabajamos durante la semana. No podremos eliminar nuestros lentes contextuales por completo, pero al menos podemos comenzar a echar un vistazo a través de la perspectiva de otra persona sobre la fe y la vida. Hablar sobre nuestras suposiciones antes del viaje nos ayudará a tener una mejor visión y comprensión del país o la ciudad a la que nos dirigimos. Más adelante en este capítulo, discutiremos la importancia de desafiar nuestras suposiciones, pero es importante traer nuestras suposiciones a la superficie duran-

te nuestras reuniones previas al viaje. Una de las críticas a las misiones a corto plazo es que no nos tomamos el tiempo para hablar sobre nuestras suposiciones acerca de las personas en el país al que vamos a servir, sobre la pobreza y las costumbres diferentes culturales. Si podemos comenzar a discutir nuestras suposiciones antes de ir, será más fácil hablar de ellas durante el viaje. Hay dos indicaciones que menciono para que nos ayudan a mirar nuestras suposiciones:

Las personas de (inserte país o ciudad) son _____.

¿Qué es lo que viene a su mente cuando piensa en (inserta país ociudad)?

Les pido a todos que escriban esto y luego los compartan. Es sorprendente lo que la gente piensa acerca de las personas en otros países y ciudades, así como su visión de ese país o ciudad. Mantenga las hojas de papel en las que escribieron sus respuestas y llévelas de vuelta mientras están en el viaje para ver si sus suposiciones eran correctas o no.

6. Formación espiritual. Todo lo que hacemos es formación espiritual: desde la creación del equipo hasta la conciencia cultural y el hablar de nuestras suposiciones. Necesitamos permitir que Dios nos hable a través de todo lo que hacemos, no solo las veces que abrimos nuestras Biblias y hablamos sobre las Escrituras que estamos leyendo. Sí, provea espacio para los elementos espirituales enfocados: enseñanza en grupos grandes y grupos pequeños, devociones para el viaje, un verso para el viaje y más, pero no divida lo espiritual de lo físico, mental o emocional. Todo es formativo si nos permitimos escuchar a Dios en todo eso. Lo alentaría a usted hablar con su equipo sobre los versículos que compartimos en el capítulo 2, discutir la importancia de qué y por qué ustedes viajarán en el viaje, así como lo que significa tener una relación recíproca con las personas a las que van a ir servir.

Capacitación y reclutamiento de líderes

Reclutar líderes para su viaje es un elemento importante para el éxito de su viaje. Incluso con los viajes solo para adultos, necesita algunas personas líderes que puedan ayudarlo con la organización, la responsabilidad y los detalles pertinentes del viaje. Lo último que necesita es preocuparse por cómo actúan sus líderes y lo que ellos dicen. Los buenos líderes pueden ser difíciles de encontrar. Para viajes de estudiantes, generalmente tratamos de evitar que los padres de los estudiantes participen en el viaje, a menos que el hijo o la hija les dé permiso a sus padres para participar. Lo último que queremos es un padre helicóptero que se desplace sobre cada paso que tome su estudiante durante el viaje. Si usted tiene un padre que viene, delinee los límites claros de que no están allí para criar a su estudiante, sino para ser un líder.

Una vez que tenga su equipo, es esencial no solo repasar la logística del viaje con sus líderes, sino también compartir el espíritu del viaje o lo que desea que el viaje se sienta para el equipo. Comunique claramente su visión y lo que espera lograr. Usted necesitará un equipo de líderes que tiren en la misma dirección que usted para que el viaje sea un éxito.

DURANTE EL VIAJE

Para mí, aquí es donde comienza la diversión. Usted ha hecho todo el trabajo previo, los formularios ya están entregados y todos tienen sus documentos de viaje. Ahora, ¿cómo ejecutamos un viaje exitoso?

Grupos de viaje

Sé que todos viajamos de una manera diferente, pero yo quería darle una idea de lo que hacemos en nuestros viajes. Cuando viajemos en avión, nos dividiremos en grupos de viaje. Estos grupos de viaje comienzan en el aeropuerto. Cada grupo de viaje tendrá uno o dos adultos con un pequeño grupo de estudiantes. Organizo estos grupos para que no haya confusión el día del viaje. Cada grupo de viaje se registrará en conjunto, pasarán juntos por la seguridad y caminarán juntos hacia la puerta. Recogeremos los documentos de viaje de cada menor después de pasar por seguridad para asegurarnos de que permanezcan seguros hasta que los necesitemos nuevamente. Una vez en la puerta, el grupo puede ir a buscar comida, regresando a tiempo para abordar. Cuando llega el momento de abordar, el líder del grupo de viaje es responsable de asegurarse de que su grupo se suba al avión. Estos también son los mismos grupos que estarán en las camionetas mientras viajamos.

La llegada

Una vez que usted llegue, conozca a su anfitrión y haga que le den la bienvenida a su equipo, asegúrese de trabajar con el anfitrión para compartir cualquier información inmediata. Muchas veces esto incluirá las reglas de la casa. Debemos prestar atención a estas reglas, ya que somos huéspedes en su casa y, por lo tanto, debemos cumplir con su código de vestimenta, horarios tranquilos, cuándo se sirven las comidas, acciones apropiadas, etc. Como líder, revise usted estas reglas durante toda la semana, especialmente si su grupo se olvida de ellas. En algún momento durante el primer día en el sitio, consulte con el líder anfitrión sobre cualquier cambio en los proyectos o el calendario. Tenemos un término para esto en México, se llama México flexible. Necesitamos estar dispuestos a ser flexibles y cambiar si esto ayuda a la organización local con la que estamos trabajando en nuestro viaje.

Registro diario con el anfitrión

Un elemento importante para desarrollar una relación recíproca es verificar con el anfitrión de manera consistente. Regístrese para asegurarse de que su grupo no haya hecho nada malo o que no haya ofendido a nadie. Compruebe para ver cómo está el anfitrión. Dedique tiempo a construir una relación con los anfitriones, a conocer más sobre ellos mientras esté allí.

Cuidando a los líderes

Los líderes de su equipo son la columna vertebral de su viaje. Aparte de la seguridad, la forma en que usted apoye, ame y cuide a sus líderes hará que el viaje sea bueno o no. Averigüe qué bocadillos o placeres simples disfrutan. Un año tuvimos un líder que siempre ponía crema batida en su café. Ella estaba dispuesta a renunciar a esto por la semana. Pero el primer día del viaje, cuando nuestros líderes estaban tomando su café, sacamos la crema batida para ella. La expresión en su rostro lo decía todo, ya que estaba sorprendida y agradecida de que pensáramos lo suficiente como para traer algo simple, comunicando que ella nos importaba. Encuentre usted formas sencillas de amar a sus líderes a través de pequeños actos de amor, demostrando agradecimiento por estar en el viaje con usted.

Registro diario de lideres

Como líder principal, siempre es importante consultar con sus otros líderes, asegurándose todos los días de que ellos estén bien y si hay algún problema que deba conocer. Comparta la programación del día, cualquier cambio en el día y otros detalles que ellos deben de tener en cuenta y que están por venir. También usted puede ver cómo están todos los estudiantes participantes; ¿Qué es lo que ellos escuchan los estudiantes discutiendo, los aspectos positivos y los negativos? Es bueno saber el ambiente de su grupo durante todo el día.

En los sitios de trabajo

Si su grupo está realizando un proyecto de trabajo, dedique tiempo a consultar a los participantes, líderes y trabajadores locales que se encuentran en el sitio. Recuerde, la comunicación es la clave para desarrollar una relación recíproca a largo plazo. Desea ser responsable y respetuoso de cómo su grupo usa su tiempo, herramientas de trabajo y oportunidades de trabajo. A menudo, los trabajadores de otros países se sorprenden de cómo los equipos estadounidenses se preocupan por sus herramientas. Tenga en cuenta cómo trata las herramientas locales que tiene que usar. Trabaja duro, pero dedica tiempo a conocer a las personas que lo rodean. He tenido muchas conversaciones con los estudiantes mientras yo trabajaba con ellos, hablando sobre su familia, la escuela, la vida y el estrés en casa. De nuevo, usa esto como formación espiritual.

Desafiar suposiciones

Como líderes, es nuestra responsabilidad ayudar a nuestro equipo a trabajar a través de sus suposiciones. Muchas personas que realizan viajes misioneros a corto plazo con suposiciones erróneas regresan a casa y encuentran formas de confirmar estas suposiciones falsas porque no nos tomamos el tiempo para procesarlas y desafiarlas. Como facilitador de estos viajes, es nuestra responsabilidad desafiar las suposiciones de nuestro grupo acerca de las personas con las que trabajamos en nuestros viajes. Aquí hay algunas ideas sobre cómo desafiar las suposiciones:

1. Reuniones de equipo. Durante las horas de enseñanza de la noche en el viaje, generalmente hacemos un juego rápido para reírnos, y si tenemos a alguien que puede tocar música, cantamos algunas canciones juntos. Luego hablamos sobre nuestro día, recordando nuestras tres disciplinas de estar presentes, observadores y disponibles. Durante este tiempo, las personas tienen la oportunidad de compartir lo que notaron sobre su día, sobre Dios y sobre las personas con las que están trabajando en el proyecto. Este puede ser un momento poderoso ya que las personas se atreven a compartir lo que están aprendiendo. También es una gran oportunidad para rechazar cualquier suposición que pueda surgir. Aquí hay uno que típicamente surge de que debemos hablar: "Son muy felices, aunque tienen muy poco". Desafío esta suposición al hacer preguntas de seguimiento:

- ¿Sabemos cuál es la vida hogareña de esa persona después de que nos vamos y cierran la puerta detrás de ellos?

- ¿Tuvimos la oportunidad de hablar con ellos para entender su vida, sus luchas, su situación en el hogar?

- ¿Conocemos a estas personas lo suficientemente bien como para entender si están realmente felices con lo que tienen, o estamos haciendo una suposición basada en una breve interacción con ellos?

-

No hago estas preguntas para hacer que las personas se sientan mal o culpables. Les pido por amor, queriendo que luchen con cosas en las que no hayamos pensado antes. No quiero que asuman cosas sobre otras personas que no son ciertas. Yo no quisiera que la gente asumiera cosas sobre mí que tampoco son ciertas.

Debido al excepcionalismo estadounidense, creemos que todos quieren ser como nosotros o mudarse a los Estados Unidos. Asumimos que quieren nuestra forma de vida, nuestra riqueza y nuestra forma de hacer las cosas. No hace mucho tuve una conversación con una mujer mayor que vive en el viejo basurero de Tijuana. Ella había vivido unos años en los Estados Unidos, y actualmente su familia también vive allí. Mientras yo hablaba con ella sobre su familia y su tiempo en los Estados Unidos, ella me dijo: "Quiero volver y visitar a mi familia, pero no quiero vivir allí. No me gustó allí. Fue demasiado". Hoy en día, más mexicanos se están mudando a México que a los Estados Unidos, ya sea legal o ilegalmente.[9] Tengo conversaciones con estudiantes de segunda generación que extrañan su hogar en México o América Latina, y no les gusta vivir en los Estados Unidos.

---

9   http://www.pewhispanic.org/2015/11/19/more-mexicans-leaving-than-coming-to-the-u-s/

Una de las mejores maneras de desafiar las suposiciones de las personas es simplemente hacer preguntas sobre lo que las personas verbalizan, preguntar sobre lo que observan y sienten. No se conforme usted con la primera respuesta. Cada noche hablamos de nuestro día en torno a las tres disciplinas. ¿Qué escucharon hoy? ¿Qué vieron, sienten, piensan? Luego haga preguntas de seguimiento. Profundiza en por qué las personas piensan de la manera en que piensan. En la mitad del viaje, estas reuniones son un buen momento para sacar los documentos que recopilamos durante la reunión previa al viaje sobre nuestras suposiciones.

2. Invita a los líderes locales a compartir. Una de las mejores maneras de trabajar a través de nuestras suposiciones, así como de escuchar a Dios desde una perspectiva diferente a la que estamos acostumbrados, es invitar a un líder, pastor o persona de la comunidad local para compartir con nuestro equipo. Es mi deseo que nuestro grupo aprenda de estos líderes y lo que Dios les ha enseñado acerca de la vida y la fe. Mi agenda para la semana y lo que quiero que nuestros grupos aprendan está envuelto en aprender de las personas a las que servimos. No entiendo por qué viajaríamos a otra comunidad y no pediríamos a los líderes o miembros del ministerio en esa comunidad que compartan sus historias y perspectivas sobre la vida y Dios. Tenemos mucho que aprender de la gente, especialmente de un cristianismo no occidental y no estadounidense. Si vamos a echar un vistazo alrededor del mundo, veremos la iglesia explotando en el mundo no occidental, especialmente en África, Asia y Sur América. Sugeriría que si alguien sabe cómo "presentar el Evangelio" y vivir una vida de fe, es la iglesia en el mundo mayoritario. Nosotros, la iglesia estadounidense, tenemos mucho que aprender de las iglesias y ministerios en los lugares a los que vamos a servir. Invitar a la gente local a compartir se desarrolla relaciones recíprocas porque muestra que valoramos su voz y su perspectiva en nuestras vidas. Esto puede recorrer un largo camino para hacer crecer nuestra relación con los demás.

3. Encuentra oportunidades educativas. Tómese el tiempo para educar a su equipo sobre los problemas diferentes y la historia del área en la que usted está sirviendo. Proporcionará una imagen más amplia y una comprensión de lo que su grupo y el ministerio u organización con los que usted está trabajando están haciendo en la comunidad y por qué lo están haciendo. Vivimos en una época en que el mundo parece estar en caos, y hay problemas importantes que ocurren en todas partes. Muchos de nuestros viajes misioneros a corto plazo, si no todos, se realizan a lugares que están sufriendo injusticias como la pobreza cíclica, los niños abandonados, la esclavitud, la falta de derechos de las mujeres, la opresión, el racismo, y la lista puede continuar. Necesitamos ayudar a las personas a navegar y pensar críticamente sobre estos temas. El mundo está en necesidad de personas amantes de Cristo, pacificadoras y que buscan la justicia. Estos viajes son una oportunidad para ayudar a desarrollar estas características cristianas.

En México tenemos oportunidades para hablar sobre el abandono infantil, la pobreza cíclica, el cuidado de huérfanos y la inmigración. En el centro de una ciudad, hay una oportunidad para discutir el racismo sistémico, la pobreza y la opresión. Ya sea que nos demos cuenta o no, los lugares a los que vamos en nuestros viajes misioneros a corto plazo están experimentando una injusticia que ha perpetuado la necesidad que estamos tratando de satisfacer. La justicia hace la pregunta: "¿Por qué"? ¿Por qué hay huérfanos? ¿Por qué hay generaciones de familias en la pobreza? ¿Por qué las mujeres no tienen los mismos derechos que los hombres? ¿Por qué las personas de color están segregadas en los planes de vivienda municipales de nuestras ciudades? ¿Por qué todavía hay esclavitud? ¿Por qué hay niños pidiendo dinero? Las cosas no suceden. Hay una historia, una historia de cómo las cosas llegaron a ser como son hoy.

Puede ser difícil saber qué injusticias están ocurriendo en el área o entender los problemas subyacentes. Por lo tanto, para llegar a pasar la superficie, debemos encontrar los líderes que están haciendo retroceder las mareas de la injusticia. Pídales que vengan y compartan sobre su trabajo, las injusticias en la comunidad y lo que están haciendo para combatirlo. Cuando escuchamos historias de como las personas están siendo tratadas, se humaniza el problema. Cuando humanizamos el problema, la injusticia ahora tiene una persona, un nombre y una historia que se le atribuye. ¡Esto cambia todo!

En nuestros viajes a Ghana, visitamos el castillo de esclavos de la Costa del Cabo, un albergue para esclavos durante el comercio transatlántico de esclavos, y aprendemos sobre la historia de la esclavitud y cómo Ghana está conectada a los Estados Unidos a través de esta atrocidad. En México, visitamos el muro fronterizo que separa los Estados Unidos y México, discutiendo la inmigración, la deportación y las muchas vidas que se ven afectadas por esta barrera de origen humano. Invitamos a las personas a compartir sus historias sobre el trabajo que están haciendo para ayudar a paliar las injusticias en nuestro mundo, ya sea el director de un orfanatorio o la gente de primera línea, liberando los niños de la esclavitud.

Comunicar y reflexionar con los padres

Para viajes de estudiantes: los padres son las personas más influyentes en la vida de un estudiante y, por lo tanto, es imperativo que nos comuniquemos con los padres tanto como sea posible sobre las experiencias de los estudiantes. Como los estudiantes no tienen sus teléfonos celulares, creamos un blog diario en nuestro sitio web. Informamos a los padres con el mayor detalle posible sobre lo que el grupo hizo ese día a partir de los proyectos de trabajo, las personas que conocimos, así como las historias sobre los ministerios con los que trabajamos durante el viaje. También intentamos publicar al menos una foto de su estudiante todos los días en nuestras páginas de redes sociales. Luego, en la última noche del viaje, publicamos una lista de preguntas que los padres pueden preguntar a sus alumnos cuando llegan a casa. Informe a los padres sobre cómo podría ser el reingreso para sus estudiantes, ya que los padres estarán encantados de verlos y de tener muchas preguntas. Mi objetivo es que los estudiantes informen el viaje con sus padres de una manera significativa. Cuando verbalicen su experiencia, se hundirá de su cabeza hasta su corazón. Además, quiero que los padres participen en lo que estamos haciendo para ganarnos su confianza para futuros viajes y eventos que hacemos con sus estudiantes.

Preparándose para el reingreso

Su grupo ha pasado toda la semana inmersa en un país o ciudad diferente, lejos de las normalidades de la vida. Han estado viviendo un ritmo diferente y han tenido una experiencia intensa durante el viaje. Es esencial hablar con su equipo sobre cómo será cuando regresen a casa. Para nosotros, nuestro equipo de estudiantes ha estado en México, sin sus teléfonos celulares, lejos de muchos de sus amigos, familiares y la tecnología. En el mismo día, estos estudiantes pasarán de vivir en un orfanatorio donde han estado trabajando duro, ensuciándose, a un hogar limpio y agradable con una ducha caliente y buena presión de agua. Algunos de ellos lloran cuando llegan a casa, otros no saben cómo procesar la semana y están tranquilos, mientras que otros hablarán con sus padres hasta las 2:00 de la mañana. Como líder, es importante mencionar la reentrada y hablar sobre ello. Les digo a los estudiantes que no necesitan devolver todos los mensajes de texto, Snapchat o publicaciones de Facebook. Relájese gradualmente en la vida de su hogar.

Liderar un viaje puede ser divertido y frustrante. Pero aproveche usted cada oportunidad para ayudar su grupo a crecer y ser formado por el Espíritu Santo. Pase tiempo con los líderes locales, escuchando sus alegrías y luchas. Encuentre áreas donde su iglesia u organización pueda comenzar a invertir en el ministerio o la comunidad a largo plazo. Finalmente, regrese, al menos unas cuantas veces más, y mantenga la conexión durante todo el año para desarrollar una relación recíproca comprometida, a largo plazo.

DESPUES DEL VIAJE

Es fácil dejar que el viaje misionero a corto plazo de una semana sea solo eso, una experiencia de una semana que dejamos en el lugar donde servíamos. El tiempo después del viaje es la clave para una relación recíproca, solidificando el cambio en las vidas de quienes se desplazan y las conexiones con la comunidad en la que usted sirvió. No deje usted que sea solo un viaje de una semana, haga algo en casa. No se olvide de las personas que conoció y lo que Dios está haciendo en la comunidad donde sirvo.

Tomar acción en casa

Desafíe su equipo a considerar las siguientes preguntas: ¿Qué puede hacer para lograr un cambio significativo en su comunidad, vecindario o familia? ¿Dónde puede demostrar tangiblemente el amor en su escuela o en el trabajo? ¿Quién en su mundo necesita una mano amorosa o una nota alentadora? ¿A dónde le está guiando Dios en su vida, carrera o futuro? ¿Qué puede hacer para recuperar lo que aprendió en casa? La última noche del viaje misionero a corto plazo no es el final, es el comienzo de una forma diferente de vida, un nuevo comienzo con Jesús, una energía renovada para vivir en la vida que Dios le ha llamado a vivir. El viaje debe ser un catalizador para el cambio de vida en casa. Como líder, su equipo necesitará que usted les recuerde este viaje, la experiencia y todo lo que aprendieron. Rétalos a hacer algo con la experiencia.

Hemos tenido iglesias que tienen una visión más amplia para su comunidad en casa, comenzando a llegar a iglesias en zonas de escasos recursos de la ciudad y a trabajar juntas para ayudar a estas comunidades pobres. Hemos tenido otras personas involucradas con asuntos de justicia en casa. Una estudiante, después de enterarse de una guardería en México que estaba combatiendo la injusticia de mantener los niños fuera de las calles y las familias juntas, fue a su restaurante chino local y pidió cientos de cajas para llevar. Decoró los lados de ellos con fotos y estadísticas de las necesidades de la comunidad donde se encontraba la guardería. Luego ella los repartió a sus amigos y familiares, pidiéndoles que pusieran las cajas de comida para llevar en sus secadoras, y cada vez que se encontraran con un cambio suelto, colóquelo en "el amigo de la secadora". A lo largo del año, ella recaudó más de $3,000 (USD).

Una de las partes más difíciles de un viaje misionero a corto plazo es tomar lo que aprendimos y experimentamos y hacer que se quede en casa. Como estoy seguro de que usted sabe, aproximadamente 4-6 semanas después de regresar, muchos participantes vuelven a sus viejos hábitos, actuando como si el viaje nunca hubiera ocurrido. Pero como líder (y guía de barco), sé que es mi responsabilidad continuar la conversación, dándome cuenta de que el viaje misionero no es el destino al que hay que llegar, sino un momento en el largo viaje de la vida con Jesús.

Reuniones de seguimiento

Una de las mejores maneras de mantener el impacto del viaje es continuar reuniéndose después del viaje, recordando lo que sucedió, las cosas que usted aprendió, los compromisos adquiridos y cómo lo está aplicando a su vida actual. Use usted lo que aprendió de la experiencia en otros aspectos de su ministerio. Después de una experiencia intensamente compartida, es probable que su grupo haya desarrollado una profunda confianza entre ellos. Esta es una gran oportunidad para mantener e incluso profundizar el impacto del viaje. Otra forma de continuar manteniendo la experiencia es encontrar lugares para servir como un equipo en la comunidad.

Recordar la gente que conoció

Recuerde que nuestra meta es desarrollar relaciones recíprocas a largo plazo con aquellos a quienes servimos durante nuestro viaje misionero de una semana. La mejor manera de desarrollar esta relación es manteniendo el contacto con ellos durante todo el año entre nuestros viajes.

- Como equipo, iglesia o grupo de jóvenes, continúen orando por el ministerio, las personas que todavía están en el campo sirviendo y alcanzando su comunidad.

- Conéctese con la comunidad a la que sirvió durante su viaje misionero a corto plazo al menos una vez al mes, y pregunte cómo puede orar por ellos y si tienen alguna necesidad tangible que pueda satisfacer.

- Invítelos a que vengan a su iglesia si pueden, para compartir y darles una actualización. Si no pueden hacerlo, pídales que graben un saludo para que lo reproduzcan.

Los líderes hacen la diferencia

Como todos los equipos, iglesias y empresas, el liderazgo es la clave enorme para el éxito. He visto que los equipos misioneros a corto plazo tienen líderes asombrosos que están en sintonía con la comunidad y la cultura en la que sirven, y el viaje es un gran éxito. También he sido testigo de líderes que están fuera de contacto y no están en sintonía, no solo con la cultura en la que están, sino con su equipo y con Dios. Este tipo de liderazgo es devastador para todos los involucrados.

Como líderes del viaje misionero a corto plazo, tenemos una gran responsabilidad de cuidar a nuestro equipo, facilitar el crecimiento y establecer relaciones con aquellos quienes servimos en el viaje. Es nuestra responsabilidad asegurarnos de que nuestro equipo sepa cómo comportarse en una cultura diferente. Es nuestra responsabilidad asegurarnos de que nuestro equipo sepa que no estamos trayendo a Dios a una comunidad, sino que estamos montando la actividad del río de Dios en que ya está trabajando. Es nuestra responsabilidad involucrar nuestra iglesia o comunidad en el desarrollo de una relación recíproca a largo plazo con las personas con las que trabajamos en nuestro viaje misionero a corto plazo. Es un honor que podamos servir y trabajar con personas que han renunciado a todo por el Reino de Dios durante estos viajes. Nunca tomemos esto a la ligera.

Es una gran responsabilidad, pero con la planificación, la ayuda de Dios y una relación sólida con su anfitrión, está a nuestro alcance. ¡Y los resultados cambiarán a su equipo, a la comunidad a la que sirve y a usted!

El grano de arena de DJ

El liderazgo importa. Esto parece obvio, pero es una parte necesaria considerar en cualquier viaje misionero exitoso. La calidad y la visión de la persona liderando harán o desharán la experiencia. La experiencia del líder con el trabajo internacional, su visión para el viaje y su capacidad para compartir esa visión son fundamentales. Más allá del tamaño del grupo, más allá de cualquier otra cosa, el liderazgo es la parte más importante de un equipo misionero eficaz e impactante.

Definir quién es el líder. Esto parece bastante básico, pero dependiendo del equipo puede haber más de unas pocas personas que son líderes naturales; el equipo necesita saber quién está oficialmente a cargo. Los equipos de adultos pueden ser los más desafiantes: todos están acostumbrados hacer las cosas a su manera, y seguir las instrucciones de otra persona puede ser difícil para algunas personas.

Aquí en nuestro ministerio, coordinamos proyectos de construcción de casas para familias necesitadas en nuestra área. Tenemos equipos que vendrán a construir una casa con estructura de madera en el transcurso de una semana. Si el equipo tiene tres o cuatro contratistas, me aseguro de que seleccionen quién está tomando las decisiones definitivas, de lo contrario, pasan horas debatiendo cada decisión o trabajando en direcciones diferentes. Su equipo puede llegar a acuerdos de consenso, pero últimamente, alguien tiene que decir sí o no a cualquier decisión importante. El líder marca el tono.

Conocer a su equipo. Evalúa los miembros de su equipo para liderarlos de manera eficaz. Si su equipo no está capacitado, tal vez no debería trabajar en un proyecto de construcción importante; si son nuevos en su fe, tal vez no deberían dirigir un estudio bíblico o una oración pública. Si usted tiene una persona calificada (construcción, informática, mecánica, etc.), informe a su organización de alojamiento que estas personas están disponibles si es necesario. Sepa cuándo empujar a su equipo y cuándo retenerlos. Jesús conocía bien a sus apóstoles, sus habilidades, sus debilidades y su madurez. Él sabía lo que podían manejar y les permitió tomar riesgos y crecer. También los hizo esperar cuando fue necesario. Usted necesita ser como Jesús para su equipo.

Trabajos de formación intercultural. La madurez, la experiencia y la visión de cada miembro del equipo son un poco diferentes. Si los miembros de su equipo han estado relativamente protegidos y nunca han estado expuestos a la verdadera pobreza u otras culturas, guíelos para que respondan, reaccionen y procesen lo que están experimentando. Toda cultura tiene matices y diferencias, pero una actitud de respeto mutuo va muy lejos en cualquier parte. El respeto por los códigos de vestimenta locales, las tradiciones, el idioma y la cultura de la iglesia son todos importantes. Ofender involuntariamente una cultura es una forma segura de limitar severamente la eficacia de un equipo, tanto en el servicio como en el ministerio.

Todos tenemos algo que aprender de los demás. Los estadounidenses pueden tener una gran cantidad de orgullo nacional, y eso está bien siempre y cuando se dé cuenta de que otras personas también pueden estar orgullosas de sus países, incluso si no es los Estados Unidos. El estereotipo "feo americano" existe por una razón. Debemos darnos cuenta de que la cultura que estamos visitando no es peor que la nuestra, no es mejor que la nuestra, es diferente de la nuestra.

Comunicar, comunicar, comunicar. Hágale saber a su equipo los objetivos, expectativas, y horarios. Comuníquese con su equipo sobre la importancia de la flexibilidad, la resolución de conflictos y la participación en el equipo. Dele a su equipo un programa escrito como guía, sabiendo que las cosas podrían cambiar. Comuníquese con su organización anfitriona sobre los planes de viaje, sus objetivos, sus habilidades y pregúnteles qué les gustaría recibir de su grupo. Desde el día en que haya seleccionado las fechas, comience a comunicarse con su organización anfitriona y pregúnteles todo lo que pueda imaginarse. También hágales saber todo lo que necesitan saber sobre su equipo (tamaño del equipo, edades, habilidades, fondos disponibles, etc.). Usted está creando una relación entre su equipo y el equipo en el terreno al que servirá. En cualquier relación sana, una comunicación clara y detallada puede ayudar a evitar problemas o conflictos.

Enseñar y practicar la flexibilidad. Cuando usted viaja con un equipo y trabaja en otros países, es imposible planificar o esperar todo. Se puede esperar pérdida de equipaje, enfermedades, cortes de energía, pero a veces surgen otras cosas. Sé de un grupo que planeaba pasar una semana trabajando en un edificio para una iglesia, y el día que llegaron, un líder de la iglesia anfitriona murió. El proyecto se suspendió inesperadamente, pero le dio al equipo nuevas puertas no anticipadas para servir y ministrar. El cambio estaba fuera de sus manos, pero fluyeron con él correctamente, con madurez y con gracia.

Guiarlos hacia la experiencia. Los viajes misioneros pueden ser abrumadores. Habla cada noche y aliente conversaciones intencionales sobre lo que todos están experimentando. Tal vez haga que todos apaguen los teléfonos celulares y se centren en el día y en las personas que experimentan el viaje con ellos. Es desgarrador ver a las personas en un viaje misionero con tantas oportunidades, solo para verlas mirar sus teléfonos todo el tiempo. Guie su equipo a ser intencional y vivir en el momento. Un viaje debe ser más que la foto perfecta de Instagram.

Como líder, usted tiene una gran responsabilidad, y también un gran privilegio. Un privilegio para llevar las personas a experiencias de servicio en la cima de una montaña que cambian la vida, y ellos recordaránesto por el resto de sus vidas. Cuando se dirigen y se hospedan correctamente, las misiones a corto plazo pueden tener un impacto mundial cambiante. Vaya y haga que su mundo cambie.

Para la mayoría de las personas, el viaje misionero a corto plazo, o incluso el viaje internacional, es una experiencia nueva. Como líder, usted tiene una tremenda responsabilidad de mostrarles el camino. Si, como líder, su punto de vista es saludable y usted está sirviendo con una actitud humilde, como la de Cristo, eso establecerá el tono para todos los demás en el viaje. Al hacer su tarea, a través de la investigación sobre su destino y la preparación para sus objetivos, será más eficaz. Al enseñar pacientemente al equipo y prepararlos antes de que se vayan de casa, los preparará para el éxito. Guiándolos y haciéndoles las preguntas correctas durante el viaje, hará que sea una experiencia más profunda e impactante. Al demostrarle a su equipo el verdadero corazón de un servidor, su equipo tendrá un impacto mucho mayor donde sea que estén sirviendo.

Como líder, usted está representando Jesús en su equipo. Jesús pasó una tremenda cantidad de tiempo en oración, preparándose para cada día. Jesús dedicó una tremenda cantidad de tiempo y esfuerzo a enseñar a los apóstoles antes de enviarlos. Cuando los apóstoles no lo entendieron bien, Jesús los guiaría amorosamente hacia una mejor actitud y explicaría cómo hacerlo mejor la próxima vez. En las misiones a corto plazo, como en todas las áreas de la vida, Jesús es un buen ejemplo.

CAPITULO 11

Definir el éxito o el fracaso

DJ

A los estadounidenses les gusta calificar las cosas. Ya sea en la clase de inglés para niños o en el tipo de carne que compramos, a todos les gusta ponerle una calificación. Hace la vida mucho más simple si podemos juzgar las cosas en una escala establecida: "Esta persona se graduó con 10 puntos en cada materia, este hotel tiene tres estrellas, esta película tiene 5 estrellas". Esto funciona para muchas áreas de nuestra vida día a día, pero cuando se trata de asuntos relacionales y espirituales, o cualquier otra cosa que sea un poco más difícil de cuantificar, se vuelve más complicada. ¿Cómo se juzga el mejor servicio de la iglesia? ¿Cómo se juzga una sesión de consejería? ¿Cómo se determina cuál es la mejor hamburguesa? Es imposible decir definitivamente qué universidad da la mejor educación. A veces depende de la persona que hace el juicio.

Cuando se trata de misiones, he visto personas en el mismo viaje dar informes muy diferentes sobre si fue "exitoso" o no. Mucho depende de la madurez de la persona, su perspectiva del viaje y, lo más importante, sus expectativas y objetivos.

En este capítulo, veremos algunas de las formas en que usted puede cuantificar si un viaje misionero o un proyecto cumplió, fracasó o superó las expectativas de todos los involucrados, lo que puede ser aún más desafiante cuando se enfoca en la edificación de relaciones recíprocas. No podremos poner una escala numérica definitiva para el viaje, pero veremos expectativas realistas y, en algún nivel, trataremos de ayudar a determinar si un viaje funcionó. Siempre tenga en cuenta que si usted sale con fe y sirve lo mejor que puede, su viaje será un éxito. Es posible que no sepamos en esta vida cuál es el impacto de un viaje a corto plazo. Podemos saber si escuchamos a las instrucciones de Dios de "salir a todo el mundo" y responder en consecuencia, ya hemos tenido éxito.

Lo que ayuda es configurar algunos parámetros y al menos hablar de ello. Usted y las personas que lo rodean quieren saber cómo fue su viaje. Cuando un equipo regresa de un viaje misionero, es normal y se espera que el equipo de algún tipo de informe. Podría ser tan formal como presentar sobre la experiencia con los líderes de la iglesia; podría ser tener alguien compartir en un servicio dominical por la mañana y mostrar algunas diapositivas; podría ser responder las preguntas de amigos y familiares que ayudaron a apoyar a las personas o al equipo. La gente está interesada y quiere saber cómo la gente creció espiritualmente, si los fondos se gastaron bien y si deberían apoyar viajes futuros.

Más importante que ser capaz de informar a los demás cómo fue todo, evaluar el viaje lo ayuda a usted y a su equipo a planificar con eficacia los viajes en el futuro. ¿Qué salió bien? ¿Qué podríamos haber hecho mejor? ¿Estamos construyendo relaciones sanas en nuestro país de destino? ¿Fuimos responsables con los recursos que teníamos a nuestra disposición? ¿Nuestro anfitrión en el país fue alguien con quien queremos establecer una relación continua? Estas son todas las preguntas que podrían y deberían ser discutidas durante el viaje, pero definitivamente deberían ser repasadas una vez que usted regrese. Al dedicar tiempo para hablar sobre lo que paso con el equipo, o al menos con el liderazgo del equipo, le ayudará a anclar más las lecciones aprendidas en el viaje y, ojala, lo ayudará a aplicar esas muchas lecciones en su vida en el futuro.

Definir los objetivos

En un momento, hace unos años, me enviaron una "encuesta misionera" por parte de una iglesia bastante grande que patrocinaba a varios misioneros en todo el mundo. No hay absolutamente nada de malo en pedir información de cualquier misionero o misión que la iglesia esté apoyando; es parte de mantener la relación. Sin embargo, la encuesta que me enviaron me resultó de manera incorrecta porque no estaba enfocada en la relación. Había alrededor de 20 preguntas que pedían números fijos, pero las preguntas solo generaban más preguntas:

¿Cuántas personas ha guiado usted al Señor en los últimos seis meses? Bueno, ¿es mejor llevar a 40 personas al Señor y nunca volver a hablarles, o una persona y luego construir una relación de mentoría continua y saludable con ella mientras crece en el Señor?

¿Cuántas veces visitaste casas en su comunidad? Bueno, ¿eso significa tocar la puerta y decir "Hola", o entrar y sentarse todo el día con alguien que está atravesando un trauma en su vida, ayudándole a alcanzar una comprensión más completa de su caminar con Dios?

¿Cuántas Biblias distribuyó? Bueno, ¿qué es mejor: dos o tres Biblias en las manos de las personas que están entusiasmadas por tenerlas y las apreciarán, o distribuir 40 Biblias en un mercadito donde probablemente serán desechadas?

Aparte de la vaguedad de las preguntas, nada de lo que estaban preguntando se aplicaba al trabajo que yo estaba haciendo para dirigir un gran orfanatorio y albergar grupos en un país mayoritario. No preguntaron cuántos niños fueron rescatados; no preguntaron cuántos se graduaron de la escuela preparatoria; no preguntaron a cuántas familias ayudamos a restaurar. Las preguntas que la iglesia envió solo se enfocaron en un tema evangelístico estrecho. Eso hubiera estado bien si el evangelismo fuera mi vocación principal (no lo es). La encuesta no permitió misiones médicas, cuidado de huérfanos, educación, lucha contra la trata de personas o cualquiera de las docenas de otras áreas en las que los misioneros participan.

El punto de mi parte para compartir sobre la encuesta es mostrar que antes de que usted pueda hacer las preguntas y evaluar su viaje misionero, es importante volver a ver sus objetivos para el equipo y sus objetivos para servir y bendecir a otros en su viaje. Si usted no sabe cuáles eran sus objetivos para el viaje, posiblemente no pueda saber si alcanzó esos objetivos. Si usted no conoce su destino final, nunca sabrá si llegó allí.

Aunque los objetivos de la mayoría de los viajes misioneros tienden a centrarse en un área, es posible, e incluso saludable, mezclarlos y dejarlos solaparse en cualquier viaje. Recuerde los tipos comunes de viajes discutidos en la introducción: evangelismo, servicio de construcción, necesidades de emergencia y viajes de alta habilidad. Generalmente estos son los más fáciles de cuantificar. Si su objetivo de usted era construir una casa para una familia de bajos ingresos, es bastante fácil establecer si la casa fue construida. Si su objetivo de usted era entregar suministros de emergencia o satisfacer una necesidad inmediata, es bastante fácil juzgar si realizó la entrega. Si usted estuviera liderar o participar en un alcance médico, podría hacer un seguimiento de cuántas personas recibieron tratamiento o cuántas clases de capacitación médica se brindaron a la comunidad. Donde empieza a complicarse es en la construcción de relaciones en un viaje. Pero la relación es de lo que se trata.

Mirar debajo de la superficie

Cuando se realizan correctamente, las misiones a corto plazo pueden tener un impacto real y dramático, más allá de lo que podamos imaginar, incluso cuando parece un fracaso en la superficie.

Hace unos años, un grupo se inscribió en nuestra organización para construir una casa en nuestro pueblo a través de un programa de construcción de viviendas que administramos. Cuando se inscribieron, estaban seguros de que tendrían un gran equipo y toda la financiación que necesitarían para construir una casa durante su viaje de una semana. Mientras que se acercaban las fechas del viaje, algunas personas lo abandonaron y luego otras más lo abandonaron. La financiación con la que contaban las personas que participaron se secó mientras que la gente abandonaba. Incluso después de hacer un buen trabajo de promoción del viaje y planear mucho, se quedaron con seis chicas de preparatoria, una líder y casi sin fondos. En el papel, desde un punto de vista lógico, este viaje se perfilaba como un desastre. A los ojos de la mayoría de las personas, surgieron muchas preguntas: ¿qué van a hacer las seis chicas de preparatoria? ¿Qué diferencia pueden hacer?¿No deberían quedarse en casa y usar el dinero de manera más eficaz? A pesar de las preguntas y preocupaciones razonables que se plantearon, este grupo sintió firmemente que se suponía que iban a hacer este viaje. Se acercaron a nosotros y nos preguntaron qué hacer. Les dije que vinieran, se unieran a nuestro equipo por una semana y encontraríamos la manera de como ellos podrían servir.

Una vez que el grupo llegó, los emparejé con algunos de los hombres de construcción locales con los que yo trabajo. Al unirlos con nuestro equipo local, logró algunas cosas. Primero, su financiación limitada ayudaba a proporcionar empleos. En segundo lugar, tenían el privilegio de establecer relaciones con las personas de la comunidad y trabajar lado a lado, tanto con la familia a la que ayudaban como con los hombres que ayudaban.

El plan era ayudar a verter la fundación de cemento de una casa para una familia que había estado en nuestra lista de espera por un tiempo, viviendo en un pequeño y viejo remolque. Esta familia de un solo hijo tenía una esposa creyente y un marido que era algo como el borracho del pueblo.

Durante una semana, las chicas trabajaron muy duro junto con mi equipo local. Estaban allí todas las mañanas arrastrando arena, grava y haciendo todo lo posible para hacer avanzar el proyecto. El padre no pudo resolver esto. Eso lo confundió. Mucho. El pasó horas con los brazos cruzados tratando de descubrir dos cosas: ¿por qué estas chicas estadounidenses rubias y extrañas están ayudando a su familia? ¿Y por qué estos chicos de la construcción local se lo estaban pasando tan bien? Mi equipo local de hombres son todos creyentes fuertes. Se estaban molestando mutuamente como lo hacen los hombres, tirándose cemento húmedo entre ellos, riendo mucho y divirtiéndose. No estaban maldiciendo, no estaban tomando y el padre no podía entender nada de esto. El nunca antes había visto o experimentado relaciones sanas con hombres, y simplemente no lo entendió. En ningún momento se presentó el Evangelio con palabras, no hubo presión sobre nadie. Este proyecto fue solo una extraña colección de cristianos de dos culturas sirviendo una familia necesitada. El equipo colectivo estaba poniendo el amor de Cristo y el ejemplo de servicio en acción.

La semana terminó, las chicas se fueron, y podría haber terminado allí. Pero las semillas del servicio cristiano habían sido plantadas; el padre fue testigo del amor de Cristo en acción. El domingo siguiente él estuvo en nuestra iglesia local; la semana siguiente se entregó al Señor. Nadie, incluido él, lo sabía en ese momento, pero él estaba muy enfermo y murió unos 90 días después. Debido a que este equipo pequeño, no calificado, con fondos insuficientes (que no hablaba español) siguió adelante; este hombre ahora está bailando en el cielo.

Antes de irse, como hablamos sobre como fue el viaje con el equipo, su reacción fue abrumadoramente positiva. Según la evaluación directa, no pudieron ir a casa y decir "construimos una casa". Pero dejaron de haber completado lo que consideramos un viaje misionero extraordinariamente exitoso. Se construyeron relaciones con la comunidad local; las relaciones fueron construidas y fortalecidas entre varios miembros del equipo; y representaron a Cristo, a la iglesia y a nuestra organización increíblemente bien aquí en nuestra comunidad. Este viaje fue considerado un éxito mucho antes de que supiéramos que el padre de la familia finalmente tomaría una decisión por Cristo. (Hice un seguimiento con el grupo y les hice saber acerca de la familia).

Su proyecto no importa, supéralo

Uno de los muchos privilegios de hospedar a cientos de equipos misioneros a corto plazo a lo largo de los años es poder observar las diferencias en las aptitudes, actitudes, fondos, habilidades y objetivos de los grupos, para bien o para mal.

Sin lugar a dudas, nuestros grupos favoritos son los que entienden el panorama general. Se enfocan en trabajar en un proyecto y hacen un trabajo de calidad, pero se dan cuenta de que los proyectos en sí son irrelevantes. Los proyectos de construcción, las construcciones de casas y los proyectos de pintura simplemente son herramientas para construir relaciones. Ellos entienden que estamos todos juntos en esto y ellos (nosotros tampoco) no tienen todo resuelto. La humildad hace mucho en el trabajo de la misión.

Cuando empecé a traer equipos a México en viajes de fin de semana, yo estaba completamente centrado en que nuestro equipo hiciera un trabajo de construcción de calidad para el orfanatorio donde servíamos. Sentí que estábamos haciendo un impacto en ese orfanatorio a través de los proyectos de construcción y pintura. No hay absolutamente nada de malo con eso; todo lo que hagamos por el Reino y para servir a otros debería ser un trabajo de calidad. En todo lo que hagamos, estamos representando a Cristo y a la iglesia.

Después de que dirigí tres o cuatro viajes, un buen amigo mío me hizo a un lado y tuvimos una conversación que recuerdo casi palabra por palabra. Mi amigo preguntó: "En 10 años, ¿estos niños recordarán que pintamos la pared? ¿O recordarán el tiempo que pasamos con ellos jugando fútbol, compartiendo una comida y escuchando lo que está sucediendo en sus vidas? Esa conversación se me quedó grabada y tuvo un impacto dramático en mi ministerio en los últimos 25 años.

Recuerde que en el gran esquema de las cosas, nuestros proyectos físicos son irrelevantes para las relaciones que construimos. Las actividades que podríamos organizar son irrelevantes para nuestro corazón detrás de ellas y nuestro corazón para las personas a las que nos proponemos servir. ¿Un niño se preocupa más por un nuevo uniforme de fútbol o por el hecho de que su padre estuvo presente en todos los partidos de la temporada? Cuando se lleva una cazuela a una familia en duelo, la calidad del plato puede ser importante, pero el hecho de que una persona haga el esfuerzo y entregue la comida a la familia en duelo significa mucho más. Todo se trata de relaciones.

Cada año mi equipo alberga muchos grupos, pero tenemos un grupo que realmente se destaca. Es una iglesia bastante grande del centro de Iowa. Todos los años envían grandes equipos a nuestra área, y en el transcurso de dos semanas construyen de tres a cuatro casas para familias necesitadas en nuestra área. Si eso fuera todo lo que hicieron, sería suficiente: tres casas son una gran bendición en nuestra comunidad y un testimonio tremendo para todos los involucrados en el proyecto y el área circundante. Pero este grupo de Iowa realmente entiende que no se trata de las casas. Hacen todo lo posible para establecer una relación con las familias a las que sirven. Comparten comidas con la familia, y por lo general la familia prepara algunas comidas para el grupo. Ellos invitan las familias a regresar con ellos y pasar tiempo alrededor de la fogata. Cada año, cuando regresan, los líderes visitan a las familias que han conocido en los años anteriores; a veces, este grupo incluso envía paquetes para un cumpleaños y una graduación para los niños de las familias. Hace un par de años lo llevaron a otro nivel. Se dieron cuenta de que con el tiempo habían construido alrededor de 40 casas. Planificaron una noche e invitaron a todas las 40 familias a reunirse para una comida y jugar con los niños: ahora es un evento anual y una especie de gran evento en nuestra ciudad.

Yo, y las muchas personas en el campo misionero de tiempo completo, no podíamos hacer nuestro trabajo sin que los grupos trabajaran en proyectos y construyeran edificios. Me gusta un proyecto de calidad. Pero sé que es sólo ladrillo, madera y pintura. No es lo más importante. Jesús nunca pintó una pared. Los evangelios nunca mencionan a Jesús construyendo una casa para alguien. Jesús escuchó. Hizo preguntas. Él preguntó: "¿Qué busca usted?" Jesús era (y es) amante de las relaciones.

Evaluar su viaje

Con las relaciones en el corazón, aquí hay algunas áreas para pensar y discutir con los líderes de su equipo y tal vez con el equipo en general. Hacia el final de un viaje o durante el tiempo de hablar de cómo fue el viaje, ambos son buenos momentos para hacer algunas preguntas y estar listos para una discusión honesta. Algunas de las preguntas planteadas no pueden recibir respuestas de sí o no, pero aún vale la pena hablar sobre ellas.

¿Se cumplieron los objetivos físicos del viaje?

Aunque la construcción de relaciones es el objetivo, los proyectos pueden ser las herramientas para construir esas relaciones. Ya sea construir una casa, cavar una zanja, vacunar los niños o cualquier otra actividad, la esperanza es que usted al menos haya avanzado en un proyecto, tal vez incluso haya completado un proyecto, si ese era su objetivo. Hacer todo lo posible para cumplir el objetivo demuestra a su organización y comunidad anfitriona que a usted le preocupan sus necesidades y que es fiel a su palabra, ambas son la clave para una buena relación.

¿El equipo anfitrión receptor tenía todo para que usted pudiera comenzar a trabajar y ser lo más productivo posible?

Esto es bastante sencillo. En la mayoría de los países mayoritarios es casi imposible planificar en un calendario ocupado. Es posible que haya retrasos en las entregas que estuvieron fuera de control de sus anfitriones. Tal vez su anfitrión necesitaba los fondos que traía para comenzar el proceso de compra. Pero si parece que fue un proyecto de última hora, podría ser bueno discutir con tacto sus preocupaciones con su anfitrión.

¿Este fue un proyecto realmente necesario e impactante para la comunidad y la misión a la que usted servía?

Me imagino que incluso durante el proyecto, lo que sea lo que era, usted tenía la corazonada de si el proyecto estaba causando un impacto o solo fue un trabajo para mantener a su equipo ocupado. Si usted sintió que estaba teniendo un impacto, genial. Regocíjese por el hecho de que su equipo pudo bendecir a la comunidad y la organización con la que usted trabajaba. Si percibió usted que su proyecto solo estaba ocupado para ocupar su equipo, si desea continuar la asociación, considere comunicarse con su organización anfitriona y tener una conversación sincera y amorosa. Lo que podría ver como un trabajo ocupado, puede que lo vean como una parte crítica de un proyecto en curso. A veces, la única diferencia entre cavar una zanja que se ha marcado y construir una base para una nueva escuela u orfanatorio es cómo se comunica. Si el equipo no conoce el objetivo final de su proyecto, es difícil entusiasmarse con él. Si, cuando todavía usted está en el campo, siente que es puro trabajo de mantenerlos ocupados, hable con sus anfitriones y pídales que expliquen el objetivo final; es una manera crítica de motivar su equipo y mostrarles que están siendo eficaces en sus esfuerzos.

¿Se cumplieron los objetivos espirituales del viaje?

Si los objetivos espirituales y relacionales del viaje se cumplieron se vuelve un poco más subjetivo, pero todavía es una buena idea echar un vistazo a esto y evaluar cómo fueron las cosas.

Si su equipo se asoció con una iglesia local, ¿los miembros de la congregación o los individuos en la sala se mostraron receptivos y comprometidos en lo que sea que su equipo estaba presentando? He visto dramas, equipos de adoración y sermones compartidos en iglesias locales que nunca se dejarían pasar por la puerta de su iglesia promedio en los Estados Unidos. Al mismo tiempo, he visto dramas y equipos de adoración que fueron asombrosos, sinceros y capaces de trascender cualquier dificultad de lenguaje, presentando el Evangelio y el amor del Señor de una manera poderosa. Junto con los sermones de cliché culturalmente insensibles, he visto mensajes compartidos con un nivel de transparencia y pasión que es difícil de explicar con meras palabras. Sea honesto con usted mismo, ¿se siente bien por lo que presentó su equipo? ¿O fue "lo suficientemente bueno"? Su anfitrión también puede darle comentarios, con una comprensión de los elementos culturales de los que tal vez usted no esté al tanto.

Tuvimos un grupo que estaba listo para ofrecer un servicio especial para los niños en nuestro orfanato. Amo a mis hijos y no quiero que sufran por lo que algunos grupos traen. Yo sabía que este grupo misionero estaba planeando algunos dramas que todos mis hijos ya habían visto antes, y mis hijos se aburrirían hasta la muerte. Cero impacto. Nuestros hijos conocen el Evangelio bastante bien, y tenemos nuestros propios programas como una iglesia y como una familia. En cambio, hicimos que nuestros niños presentaran un programa, que incluye adoración y algunos dramas evangelísticos, para el equipo visitante. Resultó ser un gran éxito para ambos grupos. El equipo visitante fue increíblemente bendecido, y nuestros niños tuvieron la oportunidad de devolver algo muy especial a nuestros visitantes. Realmente fue una relación recíproca.

Si usted quiere ver más allá de los números (por ejemplo: cuantas personas "se presentaron" o cuántas Biblias o cuantos boletines del Evangelio se entregaron) para ver más de su impacto espiritual a largo plazo, pida honestidad a sus anfitriones y ore para que se sientan lo suficientemente cómodos como para ser sincero con usted.

¿Se cumplieron los objetivos relacionales del viaje?

Las metas relacionales son diferentes a las metas espirituales. Son similares, pero hay una diferencia sutil. ¿Usted y su equipo crearon relaciones nuevas, saludables y recíprocas con las personas en el campo misionero? ¿Usted y su equipo establecieron relaciones más profundas con personas que conocieron y con quienes trabajaron en viajes anteriores? Si usted está buscando el impacto espiritual a largo plazo, la mejor manera de hacerlo es a través de relaciones recíprocas a largo plazo. Estamos diseñados para edificarnos unos a otros. Si usted emprendió el viaje con la actitud y la mentalidad adecuadas, se dio cuenta de que todos somos iguales y tenemos algo que aprender de los demás. Su equipo podría estar satisfaciendo necesidades físicas, pero una vez más, esas necesidades físicas son solo una herramienta para establecer relaciones sanas y continuas si se realizan de la manera correcta.

Más que en cualquier momento en la historia, las relaciones distantes en curso son posibles. Con el advenimiento del Internet y las redes sociales, es posible mantenerse en contacto e informarse sobre las personas que conocemos en todo el mundo. (He estado en algunos de los países más pobres de la tierra, todos ahora tienen un teléfono). Una vez que superamos la versión brillante y editada de nuestras vidas que publicamos en las redes sociales, podemos escucharnos y alentarnos unos a otros de todo el mundo. De vez en cuando, alguien me preguntará acerca de cómo establecer un programa de amigos por correspondencia con los niños en nuestro orfanatorio. Por dentro me estoy diciendo, ¿de verdad? ¿En qué año estamos? Lo que realmente le digo a la gente es: "La mitad de mis hijos están en Facebook ahora. Si eligen aceptar su solicitud de amigos, está bien". No lo deje convertirse en un concurso, pero alienta su equipo a buscar formas de desarrollar los inicios de las relaciones que se iniciaron durante su viaje. Las relaciones se construyen con el tiempo, y un viaje a corto plazo puede ser el comienzo de relaciones largas, fructíferas y recíprocas.

¿Se cumplieron los objetivos educativos de su equipo?

Está bien que usted tenga viajes con el objetivo de educar a su equipo y abrir sus ojos a un mundo mucho mayor. Si un pastor o líder es honesto y espiritualmente saludable, quiere que los miembros de su equipo tengan experiencias que les cambien la vida. Quieren que los miembros de su equipo tengan los ojos abiertos ante mayores posibilidades espirituales. Quiere que la fe nazca y se renueve a través de las actividades que se realicen. Para la mayoría de las personas, creo que la razón hablada para un viaje a corto plazo es servir a otros, pero la razón tácita para el viaje es encender un fuego debajo del equipo que va y educarlos sobre un mundo más grande. Hablando desde la posición de alguien que hospeda grupos, entiendo esto, lo animo, y es mi oración que cualquier persona que haga un viaje a corto plazo tenga una experiencia que le cambie la vida.

La pregunta "¿El equipo creció y aprendió?" es difícil de responder de inmediato, pero si el líder hace un buen trabajo, aprenderá antes, durante y después del viaje. Usted debe poder ver y escuchar el crecimiento en la actitud del equipo, el tipo de preguntas que están haciendo y cómo responden a las preguntas que usted les está haciendo. Para muchas personas, una semana en el campo misionero es una experiencia en la cima de la montaña que recordarán por el resto de sus vidas.

Con muchos grupos que hospedo, al menos una persona se me acercará para regresar para una misión a largo plazo. Para mí, esto es un gran indicio de que el grupo en su totalidad fue afectado por el viaje, y que encontraron alegría en el servicio a los demás y en las nuevas relaciones que construyeron. Hay hambre por más: más misiones, más oportunidades de servicio y más relaciones de profundidad.

¿De quién es la aprobación que busca usted?

Recientemente, a nuestro ministerio aquí en Baja se le presentó una oportunidad especial para atender una necesidad local. Una familia con tres hijos vivía en un pequeño remolque de campamento con un pequeño cobertizo construido al lado. Desafortunadamente, un pequeño incendio se convirtió en un gran incendio y, aunque salieron a salvo, la familia perdió todo lo que tenían. Ellos no son creyentes; vimos esto como una oportunidad excelente para demostrar el amor de Dios.

Normalmente pasamos meses planificando la construcción de una casa, asociándonos con grupos de los EE. UU. que ayudan tanto con la financiación como con la mano de obra. La necesidad de esta familia en particular fue inmediata, por lo que no pudimos seguir adelante con nuestro sistema normal. Lo vimos como una oportunidad maravillosa para que varios ministerios en nuestro valle trabajen juntos para bendecir a esta familia. En una reunión convocada apresuradamente con varios líderes de ministerios locales, las personas trajeron lo que pudieron a la mesa para ayudar a esta familia. Un ministerio pudo ayudar con algunos fondos; uno tenía algunas puertas y ventanas adicionales; varios ayudaron con la labor. Fue inspirador ver a todos los que ayudaron y cómo una combinación de ministerios funcionó en conjunto. En menos de dos semanas pudimos construirle esta familia una linda casita que era más bonita de lo que se había quemado. El cuerpo de Cristo estaba trabajando sin problemas juntos para servir a los necesitados. Entonces, ¿qué podría salir mal? Recuerda, la gente es complicada.

Cuando los equipos estaban terminando tanto trabajo en la casa como teníamos recursos, la familia se dio cuenta de que no iba a ser tan agradable como esperaban. No, no podríamos terminar la ducha. No, no podríamos completar la pintura interior. Como un grupo, ¿teníamos que considerar si estábamos trabajando para la aprobación del hombre o de Dios? Si lo hacemos por la aprobación de hombres, tal vez somos nosotros los que llevamos el desastre a la fiesta.

En las misiones, como en la vida, Dios ve un panorama mucho más grande. Al mirar hacia atrás en la casa que construimos y que no fue apreciada, puedo ver cómo Dios usó todo para sus propósitos. Varias organizaciones obtuvieron el privilegio de trabajar juntos y compartir entre ellas. Fuimos llamados a servir, así que servimos; eso debería ser suficiente. No recibimos las gracias de la familia, pero sí creemos que Dios estaba complacido. También condujo a algunas grandes discusiones: ¿Con qué frecuencia Dios derrama sus bendiciones sobre nosotros, solo para que las rechacemos, nos quejemos o pidamos más? La mayoría de las veces, los resultados de nuestros esfuerzos son diferentes de lo que habíamos anticipado.

Si entramos en cualquier área de nuestras vidas con una actitud de empatía, tratando de ver las cosas desde la perspectiva de la otra persona, seremos más eficaces. A medida que nos acercamos a las misiones a corto plazo, debemos superar nuestras ideas preconcebidas de las personas a las que servimos, las necesidades que creemos que estamos abordando, o incluso por qué nos dirigimos. Vaya con un plan, pero sea sensible y abierto a simplemente estar presente y experimentar Dios junto con otros. Tal vez Dios le está enviando a usted para cambiarlo a través de las personas con las que se encontrará.

Hay una larga historia de ministerio que no se está desarrollando como se espera. En el Evangelio de Lucas, Jesús sanó diez leprosos, pero solo uno regresó para dar gracias y gloria a Dios. Jesús sabía que eso iba a suceder; no somos tan inteligentes.

El punto de todo esto es que Dios casi nunca garantiza el resultado que esperamos o por el que trabajamos. Ese no es el plan. Dios nos llama ir y hacer la voluntad de nuestro Padre y representarlo bien. Ser agradable a Dios es más que suficiente. Es probable que la gente no aprecie completamente nuestros esfuerzos; es posible que no digan "gracias". El número "correcto" de personas podría no presentarse en un alcance; la familia para la que construimos una casa podría no estar contenta con nuestro trabajo. Si eso nos molesta demasiado, podríamos necesitar examinar nuestra motivación: ¿Estamos haciendo esto por ellos o por Dios?

Todo se reduce a la bendición

En última instancia, la mejor manera de juzgar si un viaje misionero fue exitoso es si las personas de su equipo y de su área de destino fueron bendecidas antes, durante y después del viaje. En cualquier relación sana, debe existir un profundo respeto mutuo, comunicación abierta, y sinceramente debe ser una relación recíproca. Cuando el viaje es saludable, todos ganan, todos son bendecidos y se han creado relaciones sanas y continuas.

El grano de arena de Phil

Definir el éxito de un viaje misionero a corto plazo puede ser muy difícil. Una buena pregunta que debe hacerse usted es, "¿cómo se ve una relación recíproca exitosa?" Como la mayoría de las relaciones nuevas, tomará tiempo saber si usted está desarrollando una relación recíproca exitosa. Será difícil saber esto en el primer viaje. La confianza y la honestidad requieren tiempo y comunicación. Aquí hay algunas ideas sobre cómo desarrollar una relación recíproca exitosa:

- ¿Les hizo a ellos como le gustaría que le hicieran a usted?

- ¿Usted los trató en su comunidad como si quisiera que un grupo lo tratara en su comunidad?

- ¿Está usted cumpliendo y respetando las reglas de la casa del anfitrión mientras usted está en el viaje?

- ¿Se está tomando usted tiempo para saber quiénes son los líderes anfitriones fuera de la simple logística de viaje, como cualquier amistad? ¿Qué les gusta comer? ¿Qué les gusta hacer en su tiempo libre (si lo consiguen)? ¿Tienen familia?

- ¿Se está comunicando usted con la comunidad anfitriona más de unas pocas veces al año?

- ¿Sabe usted cuáles son las necesidades de la comunidad anfitriona a lo largo del año?

- ¿Está orando usted por la comunidad anfitriona durante todo el año?

Las relaciones recíprocas exitosas requieren tiempo y energía, pero valen la pena el esfuerzo que usted pone en ellas. Haga el trabajo, y las recompensas para todos tendrán un impacto eterno.

Hay muchos viajes misioneros a corto plazo que son impulsados por números: cuántas casas se construyeron, cuántas decisiones se tomaron, cuántas Biblias se repartieron, cuántas personas asistieron a un evento. Los números no son incorrectos o malos, pero deben ponerse en la perspectiva correcta. Si nos guiamos únicamente por los números, podemos comenzar a ver fácilmente a las personas a las que servimos como estadísticas y no a las personas creadas a la imagen de Dios. Nuestros viajes misioneros a corto plazo se parecerán más como un negocio que a un ministerio. Está bien hablar sobre lo que usted hizo, pero hágalo secundario a los nombres que recuerda y a las personas que conoció. El éxito de un viaje misionero recíproco se basa en la profundidad y el crecimiento de las relaciones a largo plazo.

CAPITULO 12

Aprovecha la oportunidad

Phil y DJ

Nuestra esperanza es que la visión de las misiones que hemos cubierto en este libro realmente plantea más preguntas que respuestas. Esperamos haber sembrado algunas semillas y lo hemos inspirado para iniciar o mejorar una relación misionera a corto plazo. Ahora depende de usted explorar y crecer.

Se nos ha dado una oportunidad increíble. En ningún momento de la historia, los viajes en todo el mundo han sido tan convenientes, fáciles y asequibles. Tenemos habilidades, recursos y amistades que podemos compartir con otros. Las personas de todo el mundo tienen experiencias, una fe apasionada y una sabiduría increíble que desean compartir con nosotros si estamos dispuestos ir y escuchar. Necesitamos hacer nuestra parte de tomar el paso y tomar la oportunidad de salir y mejorar las vidas de los demás y ampliar nuestras propias vidas al mismo tiempo.

Se nos ha ordenado que "vayamos a todo el mundo". Servimos a un Dios increíblemente amoroso que solo quiere cosas buenas para nosotros y para las personas con las que nos encontramos. Dios obra de tal manera que si salimos y confiamos en Él, todos serán bendecidos. Realmente creemos que las misiones a corto plazo bendicen a todos los involucrados si se hacen con un espíritu de gracia, aceptación y humildad. Todos estamos aprendiendo, todos estamos en el mismo viaje. Venimos de diferentes culturas, diferentes países y diferentes orígenes, pero compartimos un Padre celestial que quiere bendecir a sus hijos. Qué bueno es que tenemos la oportunidad de tener comunión con creyentes de todo el mundo y caminar juntos con ellos.

Las misiones es una fiesta de traje, como exploramos en el capítulo 6: todos traemos algo a la mesa y todos tenemos algo que ofrecer. El resultado de cualquiera fiesta de traje, si todos participan, es que habrá abundancia para todos los asistentes. Todos los que decidan participar en la comida pueden sentarse juntos en un banquete, un buffet de todo lo que pueda comer, donde todos se van con todo lo que han recibido.

Las misiones funcionan de la misma manera. Si el liderazgo y el equipo en marcha tienen actitudes de servicio humildes y saludables, y la organización anfitriona está caminando con una actitud de servicio humilde, todos ganan, todos salen de la mesa bendecidos, satisfechos, capaces de caminar más cerca de Dios.

A menudo, cuando las personas se acercan al final de sus vidas, las encuestas dicen que se arrepienten de no arriesgarse más. Por favor, no deje usted que esto sea uno de los arrepentimientos en su vida. No tenga miedo de arriesgarse. No tenga miedo de fallar. No tenga miedo de salir en fe. Por supuesto, usted cometerá errores. Pero si somos humildes y perseguimos relaciones recíprocas comprometidas, habrá gracia y perdón de aquellos a quienes servimos. Recuerde que está siguiendo a una larga fila de personas que se arriesgaron, lo arruinaron, pero que aprendieron de sus errores.

Organizar o participar en un viaje misionero a corto plazo conlleva riesgos inherentes. "¿Y si no logramos nuestro objetivo? ¿Y si me pasa algo? ¿Qué pasa si dirijo un viaje y no sale bien? ¿Qué pasa si no hacemos una diferencia?" Bueno, si usted no va, el resultado es bastante claro. Pero si aprovecha esa oportunidad, las vidas podrían cambiar: su vida, la vida de su equipo y las personas con las que construye relaciones en todo el mundo.

"¡Ya se te ha declarado lo que es bueno! Ya se te ha dicho lo que de ti espera el Señor: Practicar la justicia, amar la misericordia, y humillarte ante tu Dios". –Miqueas 6:8

Aprobaciones

"Perspicaz, desafiante y que cambia la vida... una lectura obligatoria para aquellos que realizan trabajo de misiones a corto plazo. DJ y Phil han hecho un gran trabajo al quitar las capas para llegar al corazón del trabajo de misión al compartir años de experiencia de lo que funciona y lo que no funciona. Lo desafiará a usted observar cómo ha estado haciendo las cosas y encontrar maneras de hacerlo de una manera más creativa y eficaz. Para aquellos que recién ingresan al campo misionero, seguir su guía lo ayudará a llegar al corazón de las misiones a corto plazo y evitar muchos de los escollos. Cuando se haga correctamente, será un cambio de vida para los que sirven y para los que están siendo atendidos".

-Dave Hessler, Fundador de Life in the Canyon Ministries, Tijuana, México.

"Algo necesario desde hace mucho tiempo. ¡Este libro Misiones Recíprocas a corto plazo es diferente a cualquier otro que yo haya leído! Después de cuarenta años de liderar y hospedar equipos, " Misiones Recíprocas" cambió mi forma de pensar acerca de las misiones. ¡La experiencia vasta de DJ y Phil ofrece a los líderes de los equipos y ministerios anfitriones ideas para vivir sus relaciones misioneras de una manera más recíproca, derivando viajes significativos y crecimiento espiritual"!

-Greg Amstutz, Fundador, Génesis Diez & Genesis Expeditions, Baja California, México

"Como líderes de un ministerio internacional que ha albergado a cientos de grupos e individuos, Phil y DJ hablaron directamente a nuestros corazones. Recordándonos que Dios nos está trayendo personas porque Él está a punto de transformar sus vidas para siempre. Es nuestro privilegio convertirnos en un catalizador para esta transformación. Este libro es una lectura obligada para todos los misioneros y organizaciones misioneras que reciben grupos misioneros a corto plazo, así como para todos los líderes u organizaciones de envío para misiones a corto plazo. ¡No podemos esperar a entregar este libro en las manos de todos nuestros socios!

-Pastores Johnbull y Stacy Omorefe, Cofundadores/Directores Ejecutivos,City of Refuge Ministries, Ghana, África

"Durante los últimos 30 años, yo he liderado cientos de equipos a corto plazo en viajes misioneros por todo el mundo. He visto el beneficio que esos viajes pueden tener tanto para los miembros del equipo como para los países anfitriones y las personas cuando se realizan correctamente. Lamentablemente, también he visto el daño que se puede hacer cuando no se hacen bien. DJ y Phil lo hacen bien. Ellos presentan el enfoque más completo, estratégico y fructífero para las misiones a corto plazo que he leído. Esta lectura es obligatoria para cualquier pastor de jóvenes, pastor de misiones o líder de equipos misioneros a corto plazo".

- Glenn Schroder, Coordinador Regional, Vineyard Missions, México y América Central

"Por fin, una guía que nos ayuda como líderes a planificar nuestros viajes y preparar a los miembros de nuestro equipo para que sirvan con el enfoque en las cosas que cuentan por una eternidad. En Club Dust, aprendimos que estamos haciendo algunas cosas bien, necesitamos ajustar algunas de nuestras actividades. ¡y confirmó que las misiones a corto plazo son importantes! Phil y Dj han compartido su experiencia en una guía inspiradora y fácil de leer para todos los grupos líderes que sirven en México o en cualquier parte del mundo. El libro evitará que su grupo cometa los errores comunes que ocurren cuando las buenas intenciones nos

llevan a otras culturas para servir sin el enfoque en cosas que realmente cuentan para que ocurra un cambio eterno".

- Ray Meltvedt, Fundador y Presidente, Club Dust, Baja California, México

"Phil y DJ no están escribiendo desde el vacío, están escribiendo de la experiencia vivida entre aquellos a quienes ellos sirven y de los que aprenden. Phil y DJ explican claramente cómo pueden ser las misiones a corto plazo y es una experiencia hermosa que cambia la vida". También ellos muestran cómo las misiones a corto plazo pueden causar daños si no se hacen de una manera que honre la cultura local, las tradiciones locales, la economía local y la comunidad local. Phil y DJ aprovechan su experiencia vasta para ayudarnos a todos a entender una mejor manera de hacer misiones a corto plazo. Si usted cree que las misiones a corto plazo es un error y no debe hacerlo, debe leer este libro. Si usted va a realizar un viaje misionero a corto plazo o está considerando ir a un viaje misionero a corto plazo, debe leer este libro. Si usted es alguien que se preocupa por nuestros vecinos globales, las maneras en que podemos aprender de ellos y servir junto a ellos, ¡debe leer este libro"!

-MattKrick, Pastor Principal, BayMarinCommunityChurch, San Rafael, California, Los Estados Unidos

"¡Excelente libro! En cualquier página que usted abra, esta es la experiencia de vida de sus autores. Más que un libro, yo lo veo como un manual poderoso, altamente recomendado para cualquiera que quiera hacer una diferencia. Si usted recibe el llamado a ser un misionero, o que desee participar en viajes misioneros, este libro ofrece las herramientas necesarias (valores, principios y experiencias) que debe tener en cuenta para que su misión tenga un impacto positivo en los que lo rodean. Lo ayudara tener un mayor significado para su próxima misión.

- Gabriela O. Velázquez, Directora Ejecutiva, Genesis Diez, Baja, México

"DJ y Phil han escrito una guía de lectura obligatoria para cualquier persona involucrada en misiones a corto plazo y trabajo de voluntariado

intercultural. Habiendo recibido a docenas de equipos de voluntarios durante los últimos años, hemos experimentado de primera mano los muchos beneficios por misiones saludable a corto plazo (y el desafortunado daño causado por grupos desinformados o motivados erróneamente. "Misiones Recíprocas" aborda estos problemas de frente y proporciona una excelente plantilla para viajes misioneros de beneficio mutuo y de construcción de relaciones".

-Brendan y Sarah Mayer, Cofundadores, Siloé Ministries, La Misión, Baja California, México

"He trabajado con Phil y DJ durante los últimos 12 años en el campo misionero en México. Si alguien tiene la experiencia y el conocimiento de cómo dirigir un ministerio excelente en el campo misionero, es DJ; y si alguien tiene la sabiduría y aptitud de cómo hacer que las misiones a corto plazo funcionen, es Phil. Este es el equipo de ensueño. Si está interesado en cómo se deben realizar las misiones a corto plazo correctamente, este libro es para usted. No descarte lo que es un corto. No menosprecie lo que el viaje misionero a corto plazo puede hacer por usted, su iglesia y el ministerio donde va a servir. Este libro está lleno de información de personas que han hecho el "trabajo real" en las misiones".

-Heidi Elizarraraz, Fundadora y Directora Ejecutiva de Open Arms Childcare Ministries, La Misión y Camalú, Baja California, México

"¿Experiencias de misiónes recíprocas? Ya es hora - y este libro es JUSTO a tiempo. Debe ser leído por cualquier líder misional que quiera escuchar testimonios de misiones a corto plazo que son más que una apreciación renovada de una hermosa casa, una cama blanda, y caminos sin baches".

-Art Greco, Pastor Principal - Alcance, Iglesia Marin Covenant, San Rafael, California, Los Estados Unidos

"Misiones Recíprocas es una 'guía' de lectura obligatoria para cualquier persona que desee servir en orfanatorios y comunidades necesita-

das en México, ya que brinda una perspectiva perspicaz desde ambos lados de la ecuación basada en los muchos años de experiencia de los escritores. Un mensaje claro en este libro es la importancia de comprender la cultura y las limitaciones de la comunidad a la que usted desea servir, y de garantizar que cualquier proyecto o asistencia que planee brindar esté diseñado para satisfacer las necesidades reales de esa comunidad. A veces es mejor trabajar a través de una organización que entienda su comunidad objetivo y que pueda guiarlo a usted mientras planifica su misión. Yo aprecio las grandes ideas de este libro y sé que todos en nuestra organización se beneficiarán de leerlo".

-**Hilda Pacheco-Taylor, Fundadora y Presidenta, Corazón de Vida, Irvine, California, Los Estados Unidos**

"Juntos, DJ y Phil tienen más de 40 años de experiencia como anfitriones y líderes de grupos misioneros a corto plazo. Han adquirido un nivel de conocimiento inigualable sobre lo que hace, y no hace que el equipo y el viaje sean exitosos. Ellos no solo han compartido lo que se necesita para tener un gran viaje misionero, también se reúnen, de frente, los argumentos que surgen en los círculos de la iglesia hoy en contra de las misiones en general. Lo que ellos compartan en este libro debería ser una lectura requerida para los líderes de las misiones, sus pastores y cualquiera que esté pensando en apoyar misiones".

-**Rick VanCleef, Fundador y Presidente de Icon Missions, Boise, Idaho, Los Estados Unidos**

"Como misionero a largo plazo que comencé en misiones hace muchos años con un viaje corto a Kenia, yo aprecié el libro de DJ y Phil de principio al fin. Ahora, al trabajar con muchos grupos e individuos a corto plazo, vemos los desafíos que se discuten en estas páginas y también vemos el camino redentor hacia adelante. DJ y Phil hablan con años de sabiduría y experiencia, y sus palabras ofrecen tal esperanza para las relaciones recíprocas entre las organizaciones en el terreno y sus voluntarios. Como alguien que ayuda a supervisar a cientos de voluntarios cada año con nuestra organización, este será un libro que recomendaremos a todos los que pasen por nuestras puertas. Llenos de ideas desa-

fiantes, sentido del humor y verdad bíblica, DJ y Phil exponen cuidado-samente cómo construir relaciones recíprocas sanas, vitales, centradas en Cristo, que ayudarán a formar y hacer crecer tanto a los voluntarios que nos visitan como a nosotros como una organización".

-**Autumn Buzzell, Director de Educación, City of Refuge Ministries, Ghana, África**

"¿Todavía estás aquí? Se acabó. Vete a casa. ¡Vete"!

-**Ferris Bueller, Glenbrook North High School, Northbrook, Illinois, Los Estados Unidos**

www.ingramcontent.com/pod-product-compliance
Lightning Source LLC
Chambersburg PA
CBHW061142040426
42445CB00013B/1514